사랑이 흐르는 공동체 만들기 1
의사소통 훈련

그리스도인의 관계능력 향상을 위한 캠프 · 수련회 · 소그룹 교재

사랑이 흐르는 공동체 만들기 ①

의사소통 훈련

심수명 지음

"그런즉 믿음, 소망, 사랑,
이 세 가지는 항상 있을 것인데
그 중에 제일은 사랑이라" (고전 13:13)

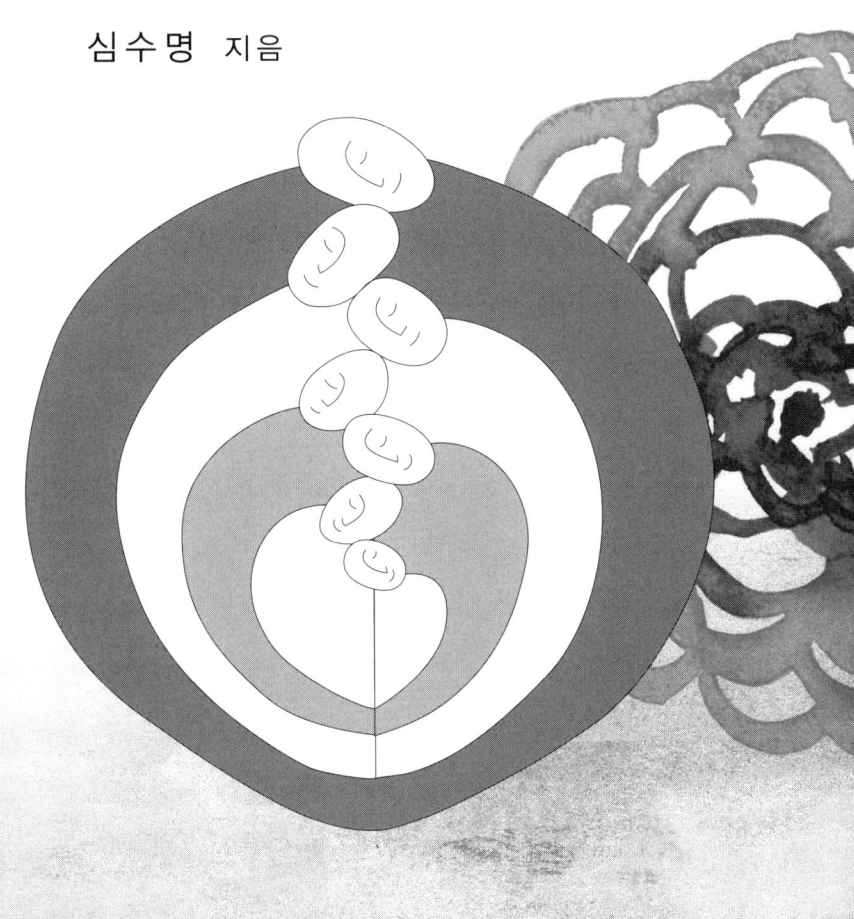

목차

시작하는 글 _5

교재의 배경 _7
교재의 목적 및 유익 _8
교재의 구성 _9
모임 인도 방식 _11
소그룹 인도자를 위하여 _12
모임을 위한 약속 _14

1강 내 삶의 이야기 _15
2강 경청 훈련 _29
3강 심정대화 훈련 _43
4강 감정표현 훈련 _61
5강 공감 훈련 _77

마치는 글 _92

시작하는 글

저는 태어나면서부터 사랑의 거절을 경험하였고 이 아픔은 사랑에의 갈망을 불러일으켰습니다. 그런데 놀랍게도 하나님은 저 하나만을 위해 그 아들을 버리신 것 같은 지고지순한 사랑으로 저를 사랑하셨습니다. 하나님의 사랑은 상처입은 저의 마음을 치료할 뿐 아니라 제 인생을 바꾸어 놓았습니다. 마치 사막이 옥토로 변하듯 제 마음은 달라졌고 인생의 방향과 가치관도 변화되었습니다. 그래서 하나님과 사랑의 동행을 누리면서 하나님의 교회를 사랑이 흐르는 공동체로 만들어 가는데 제 인생을 헌신하리라 다짐하였습니다. 교회를 개척하면서 사랑의 목회를 적용하기 위해 몸부림치게 되었고 어떤 일이 있어도 사람을 목적이 아닌 수단으로 보지 않겠다고 맹세하였습니다. 한 순간이라도 저의 이익을 위해서 성도들을 이용하는 악함을 가지지 않기 위해 늘 자기부인을 다짐하였습니다. 더 나아가, 한순간 순간을 성도의 성장과 성숙을 위해서 말하고 권면하고 이끌겠다고 방향을 정하였습니다. 이제 저의 목회 20여년을 되돌아볼 때 순간순간 많은 유혹과 어려움이 있었음에도 충실히 이 길을 걸어온 것에 감사합니다. 이 모두가 하나님의 긍휼과 은혜입니다.

그리스도인은 사랑을 위해 살도록 명령받았습니다. 로마서 13장 8절에서 "피차 사랑의 빚 외에는 아무에게든지 아무 빚도 지지 말라 남을 사랑하는 자는 율법을 다 이루었느니라"라고 말씀하고 있습니다. 하나님이 인간을 공동체 속에 살도록 하신 것은 사랑에로의 초대인 것입니다. 따라서 하나님의 부르심을 받은 우리는 그 길이 험난하고 어렵다 할지라도 부단히 사랑의 만남, 사랑의 관계를 만들어 가기 위해 노력해야 합니다. 하나님은 우리가 예수님처럼 아가페적 사랑의 삶을 살기를 원하시기 때문입니다. 그런데 아가페 사랑을 실천하기 위해서는 예수님과의 인격적인 만남이 있어야 하며,

그것을 삶으로 표현할 수 있는 사랑의 기술 또한 있어야 합니다. 즉 사랑의 관계 경험을 실제 삶에서 드러내기 위해서는 훈련이 필요합니다.

이 교재는 평신도 지도자 양성, 그리스도인의 인간관계 능력 향상, 상담자 훈련을 염두에 두고 그들이 사랑으로 다른 사람을 대할 수 있도록 사랑의 능력을 향상시키기 위한 훈련 교재로 만들어졌습니다. 따라서 교재에 나온 지침에 따라 모임을 할 때 가장 좋은 효과를 얻을 수 있습니다.

어느 공동체든 사랑이 넘치려면 리더의 노력만으로는 부족합니다. 모든 멤버들이 살아서 움직여야 합니다. 따라서 이 교재를 잘 적용한다면 멤버들을 깨워 살아있는 공동체가 되게 할 뿐 아니라 그들이 사는 삶의 현장인 세상을 변화시키는 불씨가 될 수 있습니다. 특히 교회 공동체를 사랑이 풍성한 관계로 변화시켜 보려는 분들에게 반드시 도움이 될 것입니다. 우리의 수고에 주님의 위로와 축복이 넘치기를 기도합니다.

주님의 임하심을 간절히 사모하는 예수님의 사람
심 수 명

교재의 배경

이 교재는 저의 이전의 저서 '사랑의 관계 회복을 위하여(도서출판 NCD)'를 기반으로 하였으며, 특히 '사랑의 관계 회복을 위한 10회 프로그램'을 가지고 캠프나 수련회, 또는 소그룹 모임을 위한 훈련용 교재로 새롭게 재구성한 것입니다. '사랑의 관계 회복을 위하여' 교재에 나오는 10회 프로그램은 공감 능력과 의사소통 능력 그리고 각종 상담 기술-상담 지식, 기독 상담 지식, 경청, 자기 개방 능력 등-을 향상시키는 프로그램입니다. 그래서 이 프로그램은 '사랑의 관계' 능력을 향상시키는 프로그램으로 인정되어 그동안 전국 각 교회와 대학교, 여러 기관에서 사용되어 인간관계뿐 아니라 교회 성장에 있어서도 양적, 질적으로 많은 도움을 받았다고 확인해주었습니다.

하지만 훈련 분량이 많아 단기간에 사용하기에 어려움이 있다는 제안이 있어 사랑의 관계 10회 프로그램을 각각 5회씩 나누어 인간관계 능력 향상을 위한 캠프·수련회, 또는 소그룹 교재로 구성하여 총 2권으로 개편하게 되었고 그 중 이 교재는 1권에 해당됩니다.

교재의 목적 및 유익

이 교재는 공동체 내의 성도들의 관계가 따뜻한 하나님의 사랑이 넘치도록 하는 목적으로 만들어졌습니다. 이 목적을 달성하기 위한 방법으로 상담 기술을 기독교적 관점에서 재해석하여 관계 기술을 배우고 익히도록 내용을 구성하였습니다. 따라서 이 교재를 가지고 공부하고 훈련하면 참여자들이 다음과 같은 유익을 얻게 됩니다.

첫째, 자신을 포함하여 인간을 하나님의 아름답고 존엄한 형상으로 받아들이게 됩니다.

둘째, 자신의 삶과 동료의 삶 전반에 대하여 이해하고 통찰하는 경험을 통해 인간에 대하여 깊은 안목을 가지게 됩니다.

셋째, 타인을 있는 그대로의 모습으로 수용함으로 사람에게 영향력을 미치게 됩니다.

넷째, 동료를 깊이 이해하고 만남으로서 사랑의 관계, 하나됨의 관계를 경험하게 됩니다.

다섯째, 나를 이끌어 오신 하나님, 나를 만나주시고 공감해주시는 하나님께 감사하는 마음과 다른 영혼의 성장을 돕는 조력자로서 살고 싶은 마음이 생깁니다.

여섯째, 사랑의 기술을 함께 만들어 가면서 공동체가 사랑이 넘치는 곳으로 전환되는 축복을 경험하게 됩니다.

따라서 이 교재는 소그룹 모임이나 캠프·수련회 교재로 사용하기에 아주 적합합니다.

교재의 구성

전체의 내용 구성은 다음과 같습니다.

1강 '내 삶의 이야기'에서는 멤버들과 친근감을 형성하도록 하며 자신의 삶을 뒤돌아보고 하나님의 눈으로 자신을 볼 수 있도록 합니다. 이를 위해 하나님의 걸작품 중의 걸작품인 자신을 만나며, 별칭과 상징 그림을 통하여 멤버들을 이해하는 시간을 갖습니다. 그리고 그동안 살아온 자신의 삶을 조명하기 위해서 인생 전반을 생각해보는 인생곡선과 자신의 이야기를 작성해 보는 내용으로 구성을 하였습니다.

2강 '경청 훈련'에서는 사랑의 관계 능력을 익히기 위한 기초적인 기술인 경청의 소중함을 이해하고 연습하도록 합니다. 이를 위해 경청의 기쁨, 우리를 경청해주시는 하나님, 경청에 대한 이해와 바람직한 태도에 대해 배우고 실제로 경청을 연습해 볼 수 있도록 내용을 구성하였습니다.

3강 '심정대화 훈련'에서는 바람직한 공동체를 만들어가기 위해 성숙한 관계란 어떤 것인지 살펴보고 그 대안으로 심정대화기술과 수준높은 대화를 연습하도록 하였습니다.

4강 '감정표현 훈련'에서는 자신의 감정을 느끼고 표현함으로 마음의 시원함과 관계의 자유함을 맛보도록 합니다. 이를 위해 감정표현의 필요성과 감정 표현의 과정에 대해 배우고 자신의 감정을 자유롭게 표현하셨던 예수님의 모습을 살펴봅니다. 그리고 기뻤던 순간과 힘들었던 사건을 회상해 보면서 자신과 타인을 만나보도록 내용을 구성하였습니다.

마지막으로 5강 '공감 훈련'에서는 수준 높은 공감을 몸에 익히도록 하였습니다. 이를 위해 따뜻한 만남이 주는 축복과 마음과 마음이 만나는 공감이 어떤 치료효과가 있는지 살펴보고 공감의 전략 및 공감 연습으로 내용을 구성하였습니다.

　전체 5강을 훈련하는 동안 사랑의 관계에 대한 이해가 깊어지면서 실제로 사랑의 관계 기술을 익히게 될 것입니다. 이 과정을 통해 하나님의 공동체가 사랑이 넘치는 곳, 하나됨을 경험하는 축복의 장소가 되는 놀라운 경험을 할 수 있으리라 소망을 가져봅니다.

모임 인도 방식

다음의 절차에 따라 프로그램을 실시할 때 기대하는 목적을 가장 잘 얻을 수 있으므로 가능한 이 순서에 따라 모임을 인도하기를 바랍니다. 한 회의 프로그램을 마치는 데 보통 1시간 30분에서 2시간 정도가 적당합니다.

(1) 현재 심정 나누기(10-20분)
(2) 목표 제시(5분)
(3) 나눔(20-30분)
(4) 활동(30-40분)
(5) 마무리(10분)
(6) 기도(5분)

소그룹 인도자를 위하여

1. 모임을 시작하면서 현재의 심정을 나눕니다. 모임을 하기 전에 자신의 마음을 개방하는 이유는 부정적이거나 힘든 마음을 가지고 있을 때 말씀을 올바로 깨닫고 적용할 여유가 없기 때문입니다. 따라서 매 강 처음 시작할 때 마음을 열어 감정을 나누면서 자연스럽게 훈련받을 수 있는 준비를 합니다. 이 시간은 총 10분을 넘지 않아야 합니다.

2. 교재에 제시된 질문에 따라 매 순간 자신을 돌아볼 수 있도록 멤버를 이끌어야 합니다. 처음에는 자신의 이야기를 한다는 것이 귀찮고 싫을 것입니다. 그러나 서로의 삶을 진솔하게 나누는 분위기를 조성하면 자발적인 나눔이 일어나게 됩니다.

3. 멤버가 진솔한 자기개방을 할 때 인도자는 경청과 공감으로 만나주어야 합니다. 이를 위해 인도자는 하나님께 의탁하는 기도와 진솔한 자기개방, 인격적인 태도가 몸에 배어 있어야 합니다. 인도자는 자신의 생각을 주입하려 하거나 많은 말을 하지 않습니다. 멤버들이 자신의 생각과 감정을 스스로 정리할 수 있도록 기회를 제공합니다.

4. 인도자는 메시지의 핵심과 방향에 대해서는 분명한 안내를 해야 합니다. 이를 위해 교재를 최소한 3번 이상 읽고 자신에게 먼저 적용하여 성실하게 답을 작성해 보십시오. 교재의 내용을 충분히 숙지해야만 모임을 목적에 따라 이끌 수 있습니다.

5. 모임의 시간을 잘 조절하십시오. 삶을 나누다 보면 자꾸 자기 이야기를 하고 싶어집니다. 그러나 한 사람이 이야기를 독점하면 모임의 역동이 깨어지고 멤버들이 지루해할 수 있으므로 자신의 이야기를 길게 하는 멤버가 있다면 인격적이면서도 부드러운 태도로 자제해줄 것을 권면합니다.

6. 소그룹의 가장 확실한 인도자는 성령님이십니다. 매시간 마다 성령님께 의

탁하는 마음으로 기도하면서 모임을 인도하는 것이 가장 효과적임을 잊지 마십시오. 모임 전에, 모임이 진행되고 있는 중에라도 멤버와 자신을 위해 기도하십시오.

7. 인도자는 멤버가 모임 중에 이야기한 것에 대해서는 끝까지 비밀을 유지해야 하며 멤버들에게도 비밀을 지켜달라고 당부해야 합니다. 아무리 좋은 목적이라 하더라도 모임 중에 이야기한 것은 공개하지 않는 것이 원칙입니다. 만약 공개해야 될 경우, 사전에 멤버의 동의를 구해야 하며 공개된 이후에 심적으로 불편할 수도 있음을 알려주어야 합니다.

8. 인도자가 자신의 호기심으로 궁금해 하는 태도는 지양해야 합니다. 그리고 멤버가 이야기하고 싶지 않을 때는 언제든지 말하지 않아도 될 권리가 있음을 알려주어야 합니다. 인도자의 최대 의무 가운데 하나는 멤버를 보호하는 것이며, 멤버가 인도자의 이런 마음을 통해 안전감을 느낄 때 모임은 계속 성장할 수 있습니다.

9. 일반적으로 모임의 인도자들은 다른 사람의 문제를 대신 짊어지거나 감정적으로 깊이 관여하고픈 유혹을 자주 느낍니다. 특히 동정심이 많고 타인의 문제에 민감한 사람은 모임중에 객관성을 상실할 수 있습니다. 도움을 주려는 마음은 숭고한 것이지만 지나친 관여는 멤버에게 도움이 되지 않고 인도자의 탈진을 가져올 수 있습니다. 그러므로 인도자는 자신이 도와주어야 할 영역이 어디까지인지 분명한 한계를 설정하고 그 한계 내에서 도움을 주어야 지치지 않고 오랫동안 도와줄 수 있습니다.

10. 모임을 인도하다 보면 어떤 문제들은 인도자가 감당하기에는 너무 벅차거나 시간이 요구되는 경우가 있습니다. 깊이 뿌리박힌 정서적 문제나 자살 성향 또는 파괴적인 충동을 지닌 사람은 전문가(자신의 인도자나 상담자)에게 위탁함으로 적절하게 도움을 구하는 것이 지혜로운 처사임을 명심하십시오.

모임을 위한 약속

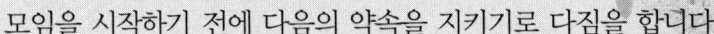

모임을 시작하기 전에 다음의 약속을 지키기로 다짐을 합니다.

1. 모임에 가능한 적극적으로 임하겠습니다. 그리고 자발적으로 모임에 참여하겠습니다.
2. 멤버에 대하여 비난이나 비판의 마음을 가지지 않도록 노력하겠습니다. 그리고 실수나 잘못에 대해 용납하고 용서하겠습니다.
3. 가능하면 솔직하게 이야기하겠으며 혹 말하고 싶지 않을 때 다시 용기를 내겠습니다. 그리고 왜 말을 하고 싶지 않은지 생각해보겠습니다.
4. 다른 사람이 이야기할 때 그를 바라보고 그에게 집중하며 마음과 정성을 다해 귀 기울여 듣겠습니다.
5. 멤버들을 격려하고 칭찬하겠습니다. 또한 멤버들의 장점을 찾아서 지지해주겠습니다.
6. 모임 시간 동안에 들은 이야기를 밖에서 절대로 말하지 않겠습니다. 왜냐하면 이 시간 동안에 이야기된 모든 내용은 비밀이 보장되어야 하기 때문입니다.
7. 모임에 지각하거나 결석, 자리이동 등 모임의 분위기를 방해하는 행동을 하지 않겠습니다.
8. 무엇보다 다른 사람을 존중하겠습니다.
9. 핸드폰을 꼭 끄고 모임에 임하겠습니다.

1강
내 삶의 이야기

1강 내 삶의 이야기

목표 : 새로운 사람과 자연스럽게 친밀감을 형성하기 위한 공동체게임에 적극적으로 참여하며, 나눔 시간에서는 자신의 삶을 돌아보고 다른 사람과 깊이 만남으로 서로를 이해하도록 합니다.

현재 심정 나누기 (10-20분)

모임을 시작하면서 느껴지는 나의 심정을 중심으로 진솔하게 이야기를 나누어봅시다. 말하는 분은 자신의 심정을 잘 느끼고 사고로 통합하여 말하며, 듣는 분은 상대방의 이야기에 집중하고 경청하여 그의 심정을 잘 듣고 긍정적으로 피드백합니다.

목표 제시(5분)

이 강의 목표와 주제 말씀을 다 같이 읽고 그 의미가 무엇인지 생각해 봅시다.

주제 말씀

대저 그 마음의 생각이 어떠하면 그 위인도 그러한즉(잠23:7)

> **의미** 사람의 미래는 생각에 따라 달라집니다. 소경이 소경을 인도할 수 없듯, 생각이 올바르지 않거나 생각의 깊이가 작은 사람은 그 수준에 머무를 수 밖에 없습니다. 따라서 하나님의 생각으로 나를 보고 이웃을 보고 세상을 볼 수 있는 시각이 필요합니다. 이런 시각을 가진 사람이 위대함을 만들게 됩니다.

활동(30-40분)

1강에서는 나눔을 하기 전에 몸으로 부딪치는 활동을 먼저 함으로 서로의 벽을 허무는 시간을 갖습니다. 여기에 제시된 활동 외에도 다른 활동을 하셔도 좋습니다. 다만 서로 몸을 부딪치며 하는 활동이 좋습니다.

1) 수건 당기기(방석 뺏기)

눈치 보거나 서로 경계하지 않고 어린아이의 심정으로 신나게 놉니다. 2명을 한 조로 하되 한 조에 수건(또는 방석) 한 개씩을 주어 서로 있는 힘을 다해 뺏도록 합니다. 조를 짤 때는 서로 힘이 비슷한 사람끼리 한 조가 되도록 합니다. 부부가 섞여 있으면 부부를 한 조로 하되 남성은 한 손으로 수건(또는 방석)을 쥐게 하고 여성은 두 손으로 쥘 수 있도록 합니다. 활동할 때 비신사적인 행동(너무 과격한 행동, 꼬집거나 간지르기 등)이나 파트너가 싫어하는 행위를 하지 않되 자신의 힘을 최대한 발휘하도록 합니다. 소극적으로 참여하려는 마음, 게임이니까 대강해도 된다는 생각을 버리고 최선을 다해 임하도록 합니다.

2) 별칭과 상징그림 그리기

평소에 불렸던 별칭이나 또는 불리고 싶은 별칭이 있다면 그것으로 자신의 별칭을 짓고 이름표를 만듭니다. 그리고 백지에 자신을 상징하는 그림을 그립니다. 다 그린 후에 한 사람씩 돌아가면서 별칭에 대한 소개와 상징그림에 대하여 설명함으로 서로를 이해하고 만나는 시간을 가집니다. 이때 서로 자연스럽게 자신의 느낌을 나누되 긍정적인 것에 초점을 두고 피드백을 합니다.

나눔(30-40분)

여기에 있는 내용을 한 단락씩 나누어 읽은 후 떠오르는 생각이나 깨달음, 느낌 등을 자연스럽게 이야기합니다. 그리고 각 내용에 따라 제시된 질문을 보고 진솔하게 나눔을 합니다.

1. 하나님의 걸작품인 나

사람이 살아가면서 꼭 알아야 하며 늘 확인해야 하는 것이 있는데 그것은 하나님은 누구이며 나는 누구인가하는 것입니다. 그리고 이 물음에 대한 분명한 대답을 해 줄 수 있어야 합니다. 하나님은 만유의 창조자이시며 나를 만드셨고 이 세상을 주관하고 다스리시는 전능자로서 나의 경배를 받으실 분이십니다. 그렇다면 나는 누구입니까? 에베소서 2장 10절에서 "우리는 그의 만드신 바라 그리스도 예수 안에서 선한 일을 위하여 지으심을 받은 자니 이 일은 하나님이 전에 예비하사 우리로 그 가운데서 행하게 하려 하심이니라"고 하시면서 나를 '하나님이 만드신 바'라고 외치고 있습니다. 공동번역과 새 번역에 보면 '인생은 하나님의 작품'이라고 되어 있습니다.

이렇듯이 우리는 하나님의 귀한 창조물입니다. 그런데 인간이 타락함으로 인해 죄로 물든 구제불능의 존재가 되었습니다. 그래서 하나님은 그리스도의 피값으로 나를 사셔서 두 번째 나를 창조하셨습니다. 그래서 성경은 "그런즉 누구든지 그리스도 안에 있으면 새로운 피조물이라 이전 것은 지나갔으니 보라 새 것이 되었도다(고후5:17)"라고 외치고 있습니다. 여기 새로운 피조물이란 말은 단순한 개선이나 변화가 아닙니다. 그것은 질적 의미에서의 새로운 존재입니다. 나는 새롭게 창조되었습니다. 나는 그리스도인이 되기 전의 내가 아닙니다. 하나님은 그 아들 예수의 희생적 피로 우리를 새로운 피조물로 회복시키신 것입니다. 하나님은 나 하나를 살리시려고 예수님을 죽이셨습니다. 나 하나를 살리기 위해 예수님을 투자하여 예수님의 생명과 맞바꾼 존재가 바로 나입니다. 하나님은 "너는 내 피로 값주고 샀다. 내

피를 흘려야 할 만큼 너는 내게 소중한 존재다."라고 말씀하십니다. 이처럼 우리는 자신을 볼 때, 또 다른 사람을 볼 때에 성취, 공로, 이 땅의 신분 등으로 보아서는 안 됩니다. 그것은 진정한 내 모습이 아닙니다. 진정한 나의 가치는 하나님 안에 있습니다.

하나님의 의로움, 거룩함, 전능하심… 그 놀라우신 하나님께서 나를 사랑하셔서 나의 인생과 미래가 그분 안에 있습니다. 그러므로 그리스도인의 가치는 무궁무진합니다. 따라서 자신을 함부로 평가하고 비판하는 것은 나를 만드시고 나를 위해 목숨을 버리신 예수님을 모욕하는 것입니다. 하나님이 친히 나를 구원하셨습니다. 나는 하나님의 명품입니다. 이 얼마나 놀라운 사실입니까?

◐ 위의 글을 읽고 들은 생각이나 느낌은 무엇입니까?

◐ 시편 기자는 우리 자신이 너무 신비하고 기이하다고 외치고 있습니다.

"내가 주께 감사하옴은 나를 지으심이 심히 기묘하심이라 주께서 하시는 일이 기이함을 내 영혼이 잘 아나이다(시:139:14)"

나도 이러한 감동을 가지고 나를 보고 있으며 대하고 있는지요? 만일 그렇지 않다면 왜 그런지 이유를 나누어 봅시다.

2. 인생 곡선 나누기

가로는 태어날 때부터 시작해서 죽을 때 까지의 나이를 표시합니다. 세로는 −100부터 +100으로 인생의 행복도를 표시합니다. 자신의 인생을 돌아보며 중요한 사건을 점으로 표시한 후 사건을 다 기록했다고 생각되면 각 점을 선으로 연결하여 마무리 합니다(심수명의 인생곡선[1])을 참고하십시오). 이때 소요시간은 5분이 적당합니다.

다 기록한 후에 돌아가면서 자신의 인생 곡선에 대하여 설명을 합니다. 이때 너무 길게 설명하지 않도록 주의하며 가능한 5분이 넘지 않도록 사건 위주로 간단히 소개합니다. 소개가 끝난 후 위로와 지지, 그리고 축복의 말로 소감을 나눕니다.

---

[1] 저자의 삶의 이야기는 '인생을 축제처럼(도서출판 다세움)' 에 자세히 소개되어 있습니다.

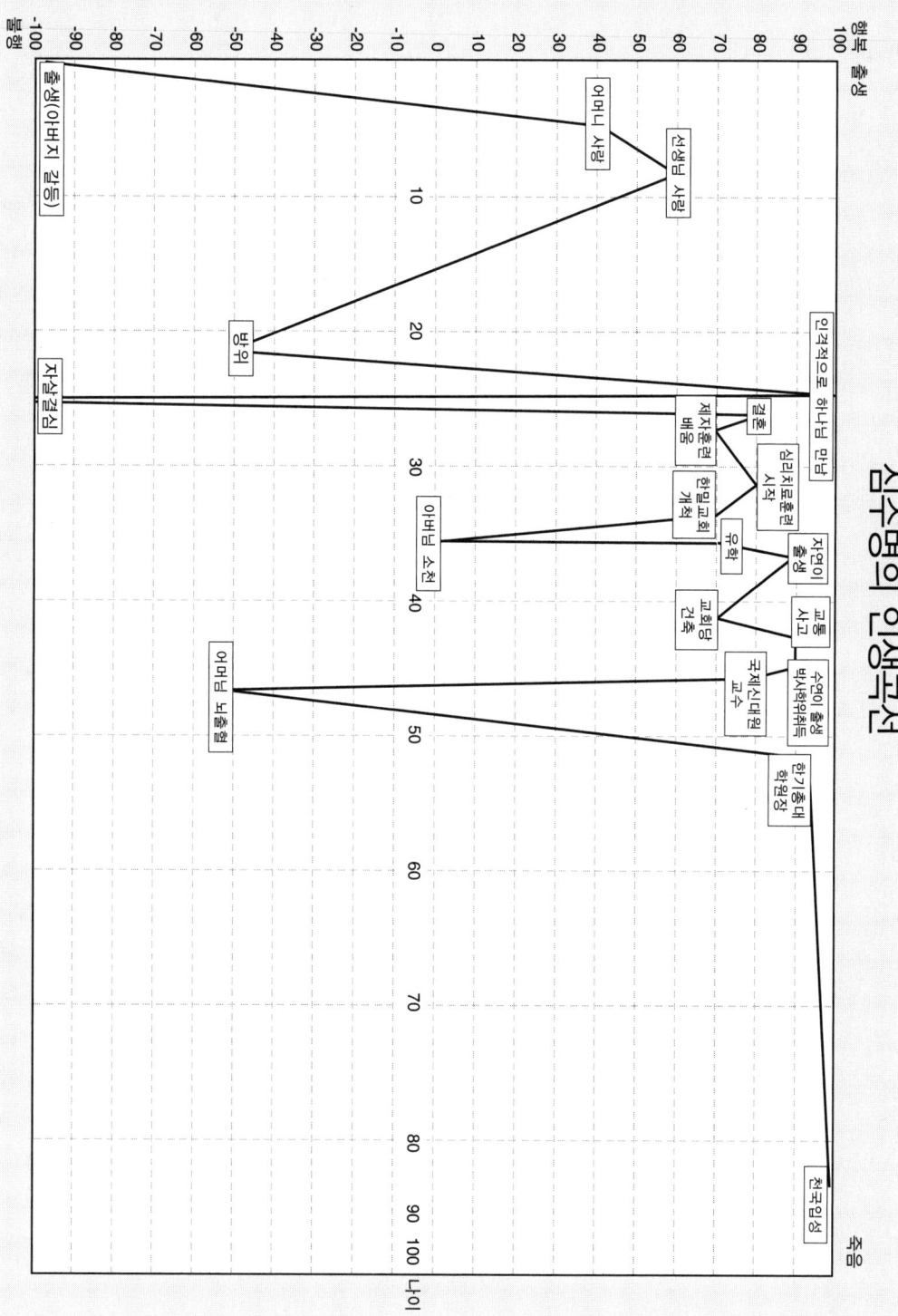

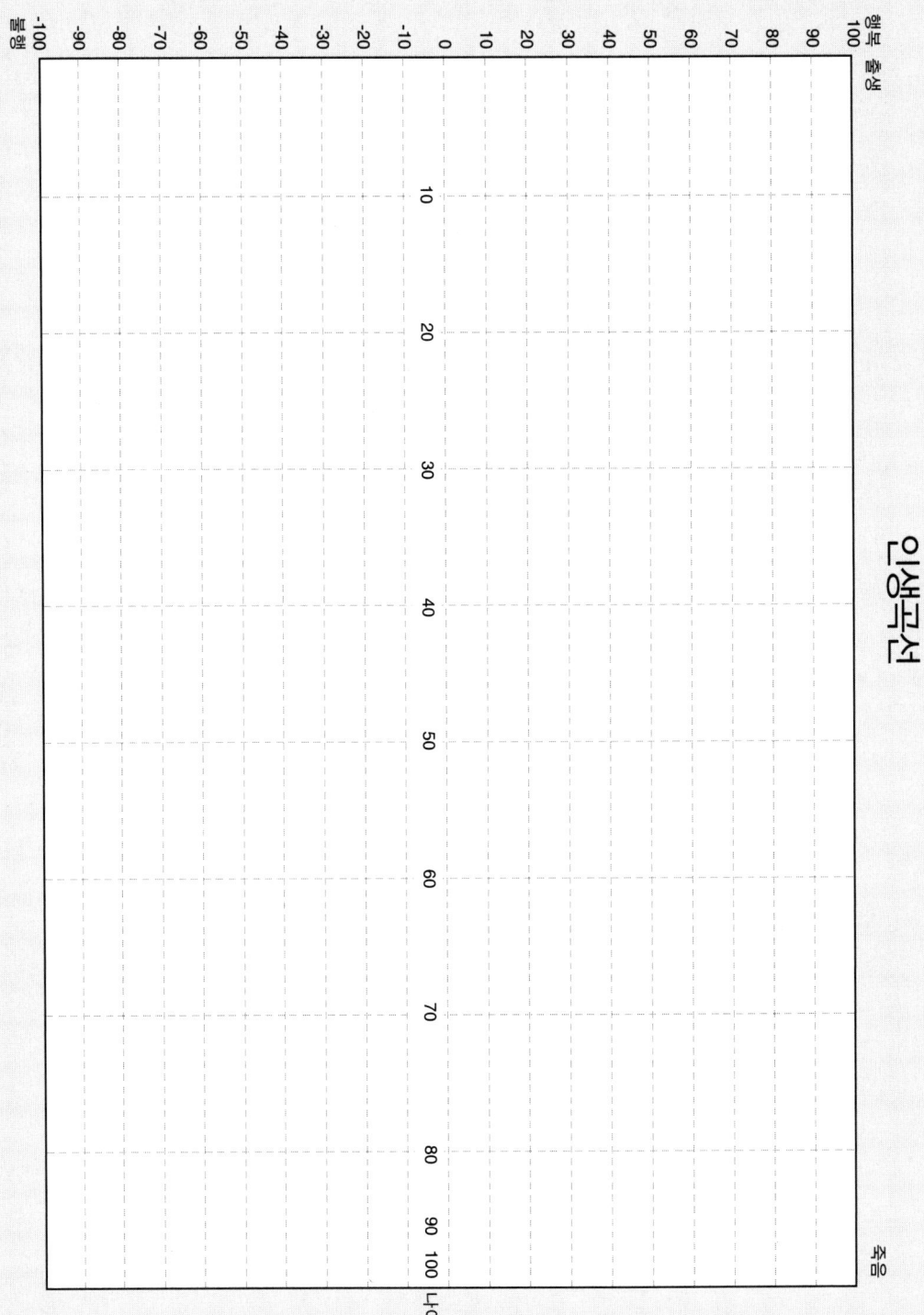

3. 나의 인생 이야기

자신의 삶의 과정에 대해 이야기를 작성해 보십시오. 이야기를 작성할 때 1) 예수님을 만나기 전 2) 예수님을 만나는 과정 3) 예수님을 만난 이후의 변화 4) 나의 미래 소망(비전)의 내용으로 나누어 써 보십시오. 이 이야기는 다른 사람에게 보이기 위한 것이 아니므로 잘 써야 한다는 부담을 벗어버리고 그냥 생각나는 대로 자신의 이야기를 작성해 보십시오. 인생의 삶 그 자체는 '살아있는 문헌' 입니다. 나의 삶은 살아있는 책이기에 아무리 보잘것없어 보여도 그 자체로서 매우 가치가 있습니다. 그래서 서로의 삶을 나눈다면 교훈과 영감을 얻을 수 있습니다.

〈예〉

1) 예수님을 만나기 전

저의 어린 시절을 뒤돌아 볼 때, 저는 이 땅에 태어나는 순간부터 아버지에게 거절당하며 비인격적 삶에 던져져 인격의 존엄을 알 기회조차 없었습니다. 저는 이러한 제 인생이 견딜 수 없었습니다. 저도 아들로서, 한 인간으로서 존중을 받고 싶고, 사랑받는 인생이 되고 싶었습니다. 하지만 제 삶은 너무도 비참했기에 매 순간 살아가는 것이 너무나 힘겨웠습니다. 그러나 마음 깊은 곳에서 언젠가는 '사람'으로 대접받고 사는 날이 오기를 간절히 바랬습니다.

2) 예수님을 만나는 과정

그런데 어느 날 이러한 저의 기대가 채워지는 감격의 순간이 있었습니다. 그것은 하나님이 저를 사랑하시는 그 진실이 마음 속에 믿어지는 놀라운 사건이 있었습니다. 저는 하나님을 만남으로써 인생에 극적인 전환이 일어나게 되었습니다. 하나님은 저를 사랑하시되 당신의 존귀함만큼이나 큰 신적인 존엄을 제게 부어 주셨음을 알게 하셨습니다. 그분은 제가 바라고 상상했던 것 이상의 사랑을 주시며 저를 당신의 나라 백성과 자녀의 위치로 이끌어 인생의 가치와 축복을 전인격적으로 체험하는 영광을 누릴 수 있게 하셨습니다. 이것은 마치 동화 속의 신데렐라처럼 어느 날 갑자기 인생의 신분과 위치가 바뀌는 놀라운 경험이었습니다. 이 사건은 엄청난 충격을 주었습니다.

그러나 이러한 감격 저편에서는 이런 사랑이 있다는 사실이 받아들여지지 않아 얼떨떨한 감정이 있었습니다. 그럼에도 불구하고 그것은 현실이었고 말로 표현할 수 없는 은혜였습니다. 그래서 제 인생 전부를 하나님께 드리기로 서원하였고, 이것은 제가 한 모든 선택 중에서 가장 귀한 선택이었습니다.

저는 주님의 부르심 앞에 순종하면서 하나님께 헌신한다는 것은 곧 사람에게 헌신하는 것임을 알게 되었습니다. 하나님이신 예수님께서 자신의 전부를 드려 사람에게 헌신하신 것처럼 저도 누군가에게 예수의 사랑을 나눈다면 그 사람도 예수의 제자가 되어 또 다른 제자를 사랑하고 자신의 삶을 나누어 줄 것이라는 믿음이 생겼습니다. 그래서 저는 목회비전을 사랑의 섬김에 두었습니다. 그러나 한 사람을 제자로 만드는 것은 생각보다 어려웠습니다.

3) 예수님을 만난 이후

사람을 사랑한다는 것이 쉽지 않다는 사실을 깨달으며 점점 지쳐가던 즈음, 저에게는 너무도 큰 사건이 있었습니다. 제가 한 교회에서 전도사로 섬기던 무렵, 조울증으로 정신과 치료를 받고 있는 어떤 자매를 만났습니다. 그 자매를 어떻게 도와야 할까 고민하던 중, 이 자매가 예수님의 사랑을 모르기 때문에 정신적인 어려움이 왔으리라 생각하고는 자매와 함께 '구원의 확신' 성경공부를 시작했습니다. 반갑게도 그 자매는 복음에 대해 상당히 긍정적인 마음을 가졌고, 조금씩 마음을 열면서 예수님에 대해 관심을 가지기 시작했습니다. 그러던 어느 날 그녀는 아버지에 의해 정신과 폐쇄병동에 강제로 수감되었고 그것이 너무도 고통스러워 창문을 통해 탈출을 시도하다가 그만 아래로 떨어져 죽었습니다. 새벽에 그 소식을 들은 저는 잠을 이룰 수 없었고 그 후로도 오랫동안 깊은 죄책감에 시달려야 했습니다. '내가 잘 도왔더라면 죽지 않았을 텐데…' 저는 너무나도 고귀한 한 영혼의 죽음에 대해 깊은 책임감을 느끼며 이 참담한 경험을 통해 인간은 과연 어떤 존재인가에 대해 깊이 고민하게 되었습니다.

저는 오랜 몸부림과 고통 속에서 하나님의 참 사랑은 무궁무진하고 모든 문제를 해결할 수 있는 것임에는 틀림없지만 인간의 내면에 상처가 있을 때에는 하나님의 사랑에 대해 신뢰가 잘 일어나지 못함을 보게 되었습니다.[2] 저는 하나님의 사랑과 은총에 대한 감격, 거듭남의 기쁨과 소망 때문에 다른 사람의 영혼 구원에 대한 열정은 뜨거웠지만 사람의 내면 심리에 대해서는 너무나 무지했음을 다시금 인식하게 되었습니다.

그래서 사람을 알고 돕기 위해 열정적으로 심리학과 상담학을 공부하기 시작했고, 여기에 많은 시간과 돈과 인내를 쏟아 부었습니다. 물론 이 과정에서 제일 많이 도움을 받은 것은 저 자신이었습니다. 이제 말씀과 성경적 세계관을 기초로, 신학과 심리치료를 통합하여 사람을 인격적으로 치료하며 돕는 것이 무엇인지 깨닫게 되어 정말 감사할 뿐입니다.

4) 나의 미래 소망(비전)

저는 주님께서 당신의 품으로 부르시어 그 나라에서 안식하게 하시는 그 순간까지 오직 사람들이 그리스도를 만나 회복되도록 저의 인생을 드려갈 것입니다.

---

2) 복음은 분명 영혼을 치료하는 능력이 됨에도 불구하고 마음의 상처가 깊은 경우 복음과 함께 정신의학적인 도움이 필요하다는 사실을 발견하게 된 것입니다.

나의 인생 이야기

1) 예수님을 만나기 전

2) 예수님을 만나는 과정

3) 예수님을 만난 이후

4) 나의 미래 소망(비전)

마무리(10분)

1강에서는 모임에 참가한 멤버들과 친근감을 형성하고, 자신의 삶을 뒤돌아보며, 하나님의 눈으로 자신을 바라보는 시간을 가졌습니다. 그동안 살아온 자신의 삶을 조명하는 인생곡선과 자신의 삶의 이야기를 작성하고 나눔으로 하나님의 걸작품 중의 걸작품인 나를 만나고, 다른 멤버들을 이해하는 시간을 가졌는지 점검해 보시기 바랍니다.

1강 전체를 공부하고 나누면서 가장 크게 마음에 와 닿은 것이나 깨달은 것이 있다면 무엇인지 나누어 봅시다.

기도(5분)

이 강을 통해 좋은 배움과 훈련을 갖게 해 주신 하나님께 감사하고 동료들에게 격려와 축복의 말을 전합니다.

2강
경청 훈련

2강 경청 훈련

목표: 경청의 개념과 경청의 유익 및 태도 등 경청에 대해 전반적으로 이해하고, 실제로 경청 훈련을 해봅니다.

현재 심정 나누기 (10-20분)

모임을 시작하면서 느껴지는 나의 심정을 중심으로 진솔하게 이야기를 나누어봅시다. 말하는 분은 자신의 심정을 잘 느끼고 사고로 통합하여 말하며, 듣는 분은 상대방의 이야기에 집중하고 경청하여 그의 심정을 잘 듣고 긍정적으로 피드백합니다.

목표 제시(5분)

이 강의 목표와 주제 말씀을 다 같이 읽고 그 의미가 무엇인지 생각해 봅시다.

주제 말씀

듣기는 속히 하고 말하기는 더디 하며 성내기도 더디하라(약 1:19)

> **의미** 하나님께서는 피조물인 우리의 말을 경청하시며 삶을 수용해주십니다. 마찬가지로 우리도 다른 이에게 사랑의 경청자가 되어 그의 삶을 수용해야 합니다. 그리스도인됨의 기본적인 의무는 듣는 것입니다. 그래서 본문도 "듣기는 속히 하고…"라며 경청을 강조하고 있습니다. 진지한 경청은 듣는 것에 열심을 내며 나의 말과 감정은 접어두는 것입니다. 이제 좀 더 적극적으로 상대의 말에 귀 기울여 그의 가슴 깊은 곳의 심정을 듣도록 훈련해 봅시다.

나눔(30-40분)

여기에 있는 내용을 한 단락씩 나누어 읽어가며 그때 들은 생각이나 깨달음, 느낌 등을 자연스럽게 이야기합니다. 그리고 각 내용에 따라 제시된 질문을 보고 진솔하게 나눔을 합니다.

1. 경청의 기쁨

마이클 엔데가 쓴 '모모'라는 소설이 있습니다. 자그마한 소녀 모모가 초라한 행색으로 어떤 도시에 오는 것으로 이 소설은 시작됩니다. 그리고 얼마 지나지 않아 그 도시에 없어서는 안 될 중요한 인물로 부상합니다. 모모의 집에는 손님이 끊이지 않았고, 무슨 일이든 문제가 생기면 사람들은 으레 "모모에게 가보게!"라고 말하게 되었습니다. 똑똑하지도 않고 특이한 어떤 능력도 없는 아이가 왜 그토록 유명한 사람이 되었을까요? 그것은 모모가 따뜻한 관심을 갖고 온 마음으로 상대방의 이야기를 듣기 때문이었습니다. 모모의 경청은 사람들에게 자신이 소중한 존재라는 사실을 깨닫게 해 주었습니다. 경청이 주는 효과는 정말 놀랍습니다. 통계에 따르면, 우리 일상생활에서 말하기가 차지하는 비중은 32%, 읽기는 15%, 쓰기는 11%이며, 나머지 42%는 모두 듣기입니다.

60의 나이를 이순(耳順)이라고 하는데 이것은 '귀가 순해져 남의 이야기를 제대로 들을 수 있는 경지에 이른 것'을 의미합니다. 이것은 무슨 이야기를 들어도 깊이 이해하는 경지요, 너그러운 마음으로 모든 것을 관용하는 수준입니다. 그렇다면 60이 되기를 기다리지 말고 지금 당장 경청을 훈련하여 이순의 경지에 이른다면 얼마나 좋을까요? 그러나 경청 기술은 쉽게 얻을 수 있는 것이 아닙니다. 그러므로 이 기술을 얻기 위해 열심히 연습해야 합니다. 그럴 때 당신은 무슨 일을 하든, 사람을 감동시키는 사람이 될 것이며 모모와 같이 이 사회와 교회, 그리고 가정을 움직이는 사랑의 사람이 될 것입니다.

◉ 위 글을 읽고 어떤 생각과 느낌이 드는지 나누어 봅시다.

◉ 실제로 나의 삶 가운데서 경청의 본을 보여준 사람이 있는지요? 그때의 심정이 어떠했는지 나누어 봅시다.

2. 경청해 주시는 하나님

기독교의 믿음은 우리의 삶 가운데 한 인격으로 찾아오신 살아계신 그리스도를 받아들이는 것입니다. 이는 우리 삶의 방향이 내 중심에서 그리스도 중심으로 수정되는 것을 의미합니다. 따라서 우리의 삶을 사랑과 축복으로 이끄시는 그분의 뜻에 순종하기 위해 주님의 음성을 듣는 경청은 그리스도인 됨의 첫출발입니다.

그런데 감사한 것은 "여호와께서 내 음성과 내 간구를 들으시므로 내가 그를 사랑하는도다. 그의 귀를 내게 기울이셨으므로 내가 평생에 기도하리로다(시 116:1-2)"라는 말씀처럼 하나님께서는 스스로 낮추셔서 우리의 말도 되지 않는 소리와 삶을 경청하는 경청자로서 우리를 바라보십니다. 결국 우리의 믿음은 우리의 열망에서 시작한 것이 아니라, 우리에 대한 하나님의 열망으로부터 시작된 것입니다. 이것이 기독교의 '위대한 비밀'입니다. 하나님께서는 피조물이며 연약한 우리의 소리를 경청하시며 삶을 수용하셨습니다. 마찬가지로 우리도 다른 이의 삶에 그리스도를 소개하기 위해서는 진실한 사랑으로 경청자가 되어 그의 삶을 수용해야 합니다.

따라서 성경은 우리가 대화할 때 "듣기는 속히 하고 말하기는 더디 하며 성내기도 더디 하라(약 1:19)"고 강조합니다. 진지한 경청은 나의 생각과 말은 잠시 접어두고 상대의 말에 귀 기울여 그의 가슴 깊은 곳의 내면적 심정을 듣는 것입니다. 즉 하나님의 말씀을 묵상하는 마음으로 다른 이의 말과 감정을 수용하려는 사랑의 각오와 태도가 필요합니다. 마치 예수님께서 하나님의 뜻을 찾기 위해 분주한 일상생활에서 물러나 조용한 장소에서 기도하시던 것처럼 다른 사람의 말과 감정을 수용할 마음의 공간이 확보되어야 하는 것입니다.

◐ 우리의 음성과 간구를 귀 기울여 듣고 계시는 하나님을 생각할 때 어떤 마음이 드시는지요?

◐ 야고보서 1장 19절 말씀 "듣기는 속히 하고 말하기는 더디 하며 성내기도 더디 하라"를 보며 그 동안 나의 경청의 태도는 어떠했는지 뒤돌아 보는 시간을 가져봅시다.

3. 경청에 대한 이해

경청은 '모든 음성적 자극을 받아들이는 능동적 과정'이라고 할 수 있습니다. 모든 음성적 자극이란 상대의 말 속에 나타나는 신음 소리나 비명 소리와 같은 음성적인 메시지 뿐 아니라 표정이나 제스처와 같은 비음성적 메시지도 함께 듣는 것을 말합니다. 그리고 능동적이라는 말은 가끔 고개를 끄덕이기도 하고, "음음" 하며 장단을 맞추거나, 이야기의 뜻을 객관적으로 분별하며 듣는, 생각하는 경청(think-listening)을 의미합니다. 이러한 경청은 말하는 이에게 사이클을 맞추는 것입니다. TV를 볼 때 원하는 채널을 맞추거나, 라디오를 들을 때 듣고 싶은 방송국에 사이클을 맞추는 것과 마찬가지로 말하는 사람의 감정에 사이클을 맞추는 것이 경청입니다.

경청을 올바로 이해하기 위해 경청의 의미를 좀 더 깊이 살펴보면 다음의 네 가지로 정리할 수 있습니다.

　첫째, 경청은 관심의 집중입니다. 경청은 듣는 이가 모든 동작을 중지하고 말하는 이에게 관심을 집중하는 것으로 말하는 사람의 말을 끝까지 따라가며 온전히 그 사람만 주목하는 것입니다.

　둘째, 경청은 감정을 수용하는 것입니다. 경청은 말하는 사람이 하는 말을 순수하게 받아들일 뿐 아니라 언어의 이면을 꿰뚫어 비언어 속에 숨은 뜻, 즉 감정을 듣는 것입니다.

　셋째, 경청은 사랑입니다. 경청에 있어서 진지한 자세와 시선은 '나는 지금 당신을 존중하고 있습니다.' 라는 무언의 메시지를 보내는 것입니다. 이는 말하는 사람으로 하여금 사랑받을 가치가 있는 존재로 느껴 자신의 마음을 쉽게 열게 합니다.

　넷째, 경청은 노동이며 봉사입니다. 진정한 경청은 전인적으로 듣는 것이기에 엄청난 수고를 동반합니다. 따라서 정신적이면서도 육체적인 에너지의 집중이 필요합니다. 이렇게 경청은 힘든 일이기에 다른 영혼을 섬겨야겠다는 각오와 결심이 있어야만 온전한 경청이 이루어집니다.

　또한 경청은 다음과 같은 유익이 있습니다.

　첫째, 상대방을 이해하게 됩니다. 우리가 상대방의 이야기를 깊이 경청할 때 그 사람의 욕구, 소망, 마음을 알게 되며 왜 그렇게 생각하고 행동했는지 이해할 수 있게 됩니다.

　둘째, 진지한 경청은 상대방에게 사랑을 느끼게 합니다. 그리고 자신의 말을 들어준 것에 대한 고마움이 가슴에 새겨지며 신뢰가 일어나게 됩니다. 스티븐 코비는 경청이란 상대방의 마음에 심리적 통장인 '감정계좌'를 개설하여 저축하는 것이라고 하였습니다. 이러한 경청은 다른 사람의 마음을 얻을 수 있을 뿐 아니라 신뢰를 구축하게 되어 그 사람에게 인격적인 영향력을 주게 됩니다.

　셋째, 말하는 사람의 짓누르는 억압과 감정적인 고통에서 치유와 회복을 가져다줍니다. 우리가 다른 사람들의 이야기를 들을 때 선입견, 설교, 충고, 가르침, 비난을 버리고 진지하게 있는 그대로 그의 말을 들어주면 그의 마음에 치유가 일어납니다.

> 경청이란 무엇인지 당신이 이해한 말로 다시 한번 정리해 보십시오.

4. 바람직한 경청의 태도

바람직한 경청의 태도는 다음과 같습니다.

첫째, 말하는 사람을 바라봅니다. 상대방을 바라보는 것은 '나는 당신과 함께 있습니다. 당신에게 도움이 되고 싶습니다.' 라는 뜻을 전달하는 것입니다.

둘째, 진지한 자세를 취합니다. 팔짱을 끼거나 다리를 꼬고 앉아 있는 것은 도울 준비가 제대로 갖추어져 있지 않다는 느낌을 줄 수 있습니다.

셋째, 이따금 상대방 쪽으로 몸을 기울입니다. 상체를 약간 기울이는 것은 '나는 당신이 하는 말에 관심이 많다' 는 뜻을 전해 줍니다.

넷째, 좋은 시선 접촉을 유지합니다. 이것은 따뜻하고 수용적인 느낌을 주어 상대방의 마음을 열게 합니다.

다섯째, 편안하고 자연스러운 자세를 취합니다. 편안한 자세는 조바심을 내거나 주의를 흐트러뜨리는 표정을 짓지 않으며 몸짓을 편안하고 자연스럽게 하는 것입니다.

이러한 바람직한 태도와는 달리 다음의 내용은 잘못된 경청의 자세이므로 주의해야 합니다.

첫째, 선택적 경청으로 자기가 원하는 것, 듣고 싶은 말만 골라서 듣는 것입니다. 이것은 말하는 이의 마음을 진정으로 이해하지 못하고 오해하며 듣는 것입니다. 특히 말꼬리 잡는 것은 골라서 듣는 것의 대표적인 예입니다.

둘째, 자기중심적 경청으로 말한 사람의 의도와는 상관없이 자기 마음대로 왜곡하고 해석해서 듣는 것입니다. 열등의식이나 죄책감이 많은 사람들은 상대방이 말한 맥락이나 중심메시지와 상관없이 자기 마음에 걸리면 그 말에 대해 오해하면서 듣습니다.

셋째, 경청을 가장하는 것입니다. 이것은 듣기는 하지만 다른 생각을 하면서 듣거나 자기 감정에 몰두함으로 별 생각 없이 멍하게 듣는 경우입니다.

넷째, 편견을 가지고 듣는 것입니다. 이것은 사람은 누구나 어느 정도의 선입견이 있는데 자신의 선입견을 파악하고 경계하지 않으면 편견을 통제하기 어렵습니다. 이렇게 자신의 기준을 가지고 남을 평가하면 다른 사람에게 상처를 줄 수 있습니다.

마지막으로 생리적인 요인 때문인데 사람은 말하는 것보다 5배로 빨리 듣는다고 합니다. 즉, 1분에 120단어를 말한다면 듣는 것은 600단어를 들을 수 있다고 합니다. 이런 속도 차이 때문에 말하는 사람이 하는 말을 온전히 듣지 못하고 다른 생각을 할 수 있으므로 경청할 때는 주의 집중이 요구됩니다.

◉ 경청의 태도를 보며 깨달아지는 것이 있으면 무엇인지요? 또한 나의 경우를 볼 때 평소에 경청의 태도에 있어 아쉬운 점이 있다면 무엇인지요?

활동(30-40분)

1. 경청 방법

실제로 경청을 제대로 하려면 무엇보다 화자(말하는 사람)가 말하고 있는 것을 제대로 요약할 수 있어야 합니다. 이를 위해 요약하는 기술이 필요한데, 요약은 메시지의 내용을 정확하게 압축해서 반사하는 과정입니다. 이를 위해 말하는 사람의 말을 약간 사용해 가면서 명료하게 정리하는 것입니다.

다음의 예를 잘 보시고 경청의 방법을 배워 봅시다.

2. 예문을 통한 경청 연습

> "저는 초등학교 2학년 때 처음으로 담임선생님의 사랑을 받았습니다. 그 선생님은 저를 매우 귀여워해 주셨고, 칭찬도 해 주셨습니다. 저는 이러한 사랑을 처음 받아보았기에 너무나 기쁘고 행복했지만 한편으론 놀랍기도 하면서 그 사랑이 믿어지지 않기도 했습니다."
>
> ① 경청의 표현: "초등학교 2학년 때 담임선생님이 당신을 매우 귀여워해 주셨군요. 그리고 이런 사랑이 기쁘기도 했지만 한편 받아들이기가 힘드셨군요."
> ② 점검: "제가 잘 이해했습니까?"
> ③ 더 표현하도록 유도: "혹시 더 말씀하실 것이 있습니까?"

다음의 예문은 경청 연습을 위한 것들입니다. 아래의 예문을 읽고 그 예문에 따라 요약 연습을 해 봅시다. 그리고 조별로 제일 잘 요약한 사람에게 지지와 격려를 하며 그것을 보고 더 좋은 경청의 표현이 나올 때까지 연습해 봅니다. 좋은 경청과 나쁜 경청의 예는 다음 페이지에 나와 있으므로 참고하십시오.

예문1. 문병을 하고 돌아온 한 부인이 :

"나는 어제 병원에 입원해 계신 김집사님의 병문안을 갔습니다. 그분과 오랫동안 이야기를 나누었고 헤어질 때 그분의 손을 잡고 기도를 해 주었습니다. 그러자 그분은 눈물을 흘리시며 기뻐하셨고 와주어 너무 고맙다고 하셨어요. 나는 그분에게 도움을 주었다는 것에 너무 기뻤고 하나님께서도 이 일을 기뻐하시며 저를 칭찬해주실 거라는 생각에 아주 흐뭇한 마음이 들었습니다."

나의 경청의 표현: "당신은
_____
_____
_____

예문2. 한 청년이 :

"저는 이제 대학 졸업반이기 때문에 어떤 직업을 결정해야 할지 정말 어렵습니다. 전 자부심을 느낄 수 있고 다른 사람들에게도 기여할 수 있는 일을 하면서 살고 싶어요. 그런데 나에게는 특별한 재능도 없는 것 같고 대학 4년 동안 배운 것도 내 인생에 큰 도움이 되지 않을 것 같아 막막할 뿐 입니다."

나의 경청의 표현: "당신은
_____
_____
_____

예문3. 중년의 여성이 :

"남편과 저는 이혼하기로 합의했어요. (목소리는 아주 가냘프고 어두우며 더듬거린다.) 나는 정말 법적인 절차에 맡기고 싶지 않아요…(사이를 두고) 정말 그 어느 것도, 무엇을 기대할 수 있는지도 모르겠어요. (깊은 한숨을 내쉬며) 중년까지는 잘 지내왔어요. 이제 재혼은 가능하다고 생각하지도 않구요. 무얼 어찌해야 좋을지 알 수가 없어요."

나의 경청의 표현: "당신은

_____

_____

_____

3. 좋은 경청과 나쁜 경청의 예

예문1.

좋은 경청: "당신은 어제 김집사님의 병문안을 가셔서 이야기를 나누시고 그분을 위해 기도를 해 주셨군요. 김집사님께서 너무 고마워 하셔서 그분에게 조금이라도 도움이 된 것 같아 기쁘고 하나님께서도 기뻐하실 거라는 생각이 들자 자신에 대해 뿌듯함과 자부심이 느껴지셨군요."

나쁜 경청: "어제 김집사님 병문안을 가셨군요. 그것은 잘 하신 것입니다. 그런데 기도까지 해주시고 오셨다구요. 아니 평신도인 당신이 어쩌자고 기도를 해주셨어요. 이것 참 걱정되네요. 이것 때문에 다른 문제가 발생되지 않아야 할텐데…"

(이러한 표현은 상대방의 말에 대하여 판단하는 말이며, 그 사람의 기쁨을 그 사람 수준에서 만나지 못하고 듣는 사람의 입장에서 요약한 것이므로 바람직하지 않은 표현입니다. 그리고 말한 사람의 행동에 대해서 그러면 안 된다고 평가하고 충고하는 표현으로 인해 감정적으로 상처를 입힐 수 있는 표현입니다.)

예문2.

좋은 경청: "대학 졸업반인데 직업을 결정할 수 없어서 어려운 마음이시군요. 자부심을 느끼면서도 사람들에게 기여할 수 있는 일을 하면서 살고 싶은데 정작 특별한 재능도 없는 것 같고 대학 생활 내내 배운 것은 별 도움이 되지 않는 것 같아 막막한 마음이 드시는 군요."

나쁜 경청: "졸업반인데도 직업이 없다니 어쩌다가 그렇게 되셨어요. 특별한 재능도 없다니 세상에 그런 사람은 없습니다. 누구나 다 재능이 있는 법인데, 다시 한번 잘 생각해 보시고 고민해보시기 바랍니다."

(이러한 표현은 상대방의 말에 대해 충고하고 해결책을 제시해 주는 것으로 바람직하지 않습니다. 상대의 마음을 내 생각대로 이끌어오는 것이 아니라 객관적인 자세로 그 사람의 마음을 깊이 있게 알아주고 표현하도록 합니다.)

예문3.

좋은 경청: "남편과 이혼하기로 결정하셔서 마음이 무거우시군요. 그리고 이혼 절차를 법적으로 해결하고 싶지 않은데 법으로 처리해야 하는 지경까지 이르러서 어떻게 해야 될지 막막한 마음이시군요. 중년이 된 지금까지 그래도 잘 지내오셨다고 생각했는데 이제 와서 이런 일이 생겨서 앞으로 재혼을 생각하기도 그렇고, 어찌해야 좋을지 그저 답답하고 무거운 마음뿐이시군요."

(비언어적인 표현도 말하는 사람이 전하고 있다고 생각하면서 표현하고 있다면 좋은 경청입니다.)

나쁜 경청: "이혼이라니요? 그런 결정을 함부로 하면 안되지요. 게다가 우리들은 그리스도인인데 하나님께서 기뻐하실리 없잖아요. 그런데다가 지금 혼란스럽고 막막한 것을 보니 이혼을 안하게 되면 이런 고민 안하셔도 되잖아요. 다시 고려해 보시는 것이 좋겠어요."

(이러한 표현은 상대방의 말에 대하여 판단하는 말이며, 그 사람의 슬픔과 고통을 그 사람 수준에서 만나지 못하고 듣는 사람의 입장에서 강요하는 것으로 바람직하지 않으며 말한 사람의 행동에 대해서 그러면 안 된다고 평가하고 충고하는 표현으로 인해 감정적으로 상처를 주게 됩니다.)

4. 실제 경청 연습

두 사람이 한 조가 되어 한 사람은 오늘 하루를 지내면서 (또는 일주일간 기억나는 사건을 중심으로) 떠오르는 심정을 중심으로 이야기를 하면 다른 사람은 그의 이야기를 듣고 요약하는 연습을 계속합니다. 이때 요약하는 사람은 화자의 언어적 메시지와 비언어적 메시지, 그리고 그 사람이 처한 상황까지 고려하면서 듣고 말해야 합니다.

특히 당부하고 싶은 것은 자신의 생각을 멈추고 말하는 분의 마음과 생각에 집중하여 그가 말하고 있는 내용에 귀 기울여 듣고 그에게 초점을 두어 표현해 주시기를 부탁드립니다.

마무리(10분)

2강에서는 사랑의 관계 능력을 익히기 위한 기초적인 기술인 경청을 이해하고, 경청의 기쁨, 우리를 경청해주시는 하나님, 경청에 대한 이해와 바람직한 태도를 배웠습니다. 또한 이 기술을 익히기 위한 실제적인 연습과 훈련하는 시간을 가졌습니다.

2강 전체를 공부하고 나누면서 가장 크게 마음에 와 닿은 것이나 깨달은 것이 있다면 무엇인지 나누어 봅시다.

기도(5분)

이 강을 통해 좋은 배움과 훈련을 갖게 해 주신 하나님께 감사하고 동료들에게 격려와 축복의 말을 전합니다.

3강
심정대화 훈련

3강 심정대화 훈련

목표: 서로의 심정을 알아주는 대화의 기술을 터득함으로써 서로에게 치유자가 되어주며, 풍성한 관계를 맺을 수 있도록 합니다.

현재 심정 나누기(10-20분)

모임을 시작하면서 느껴지는 나의 심정을 중심으로 진솔하게 이야기를 나누어 봅시다. 말하는 분은 자신의 심정을 잘 느끼고 사고로 통합하여 말하며, 듣는 분은 상대방의 이야기에 집중하고 경청하여 그의 심정을 잘 듣고 긍정적으로 피드백합니다.

목표 제시(5분)

이 강의 목표와 주제말씀을 다 같이 읽고 그 의미가 무엇인지 생각해 봅시다.

주제 말씀

여호와 앞에 내 심정을 통한 것뿐이오니 (삼상1:15)

> **의미** 한나가 자식이 없어 힘든 마음을 하나님께 이야기함으로 위로를 받았듯이 우리도 힘든 마음을 하나님께 토로할 때 하나님께서는 우리의 마음을 만나주십니다. 하나님의 위로와 사랑을 경험한 당신은 또 다른 사람에게 주님의 마음으로 그들의 심정을 만나며 위로할 수 있습니다. 심정을 알아주는 만남으로 인해 사랑의 관계가 흐르는 행복을 경험해봅니다.

나눔(30-40분)

tip 여기에 있는 내용을 한 단락씩 나누어 읽어가며 그때 들은 생각이나 깨달음, 느낌 등을 자연스럽게 이야기합니다. 그리고 각 내용에 따라 제시된 질문을 보고 진솔하게 나눔을 합니다.

1. 대화의 중요성

대화를 인체에 비유하면 혈액순환과 같습니다. 혈액순환이 원활하지 못하면 건강을 지킬 수 없듯이, 원활한 대화 없이는 사랑이 넘치는 공동체의 꿈은 이루기 어렵습니다. 진정한 대화는 자신만의 밀실에서 나와 다른 사람을 만나는 일에서부터 시작됩니다.

제2차 세계대전 중에 병원에 입원한 전쟁고아들의 사망률이 다른 일반 환자들에 비해 월등히 높았습니다. 도대체 그 이유는 무엇이었을까요? 고심하던 의사들이 여러 가지 방법을 시도했지만 결과는 모두 신통치 않았습니다. 그래서 생각 끝에 자원봉사자들을 모아 고아들을 사랑으로 보살펴 주도록 하였습니다. 그 결과 고아들의 사망률이 현저하게 낮아진 것입니다. 이 보고는 인간에게 사랑의 관계나 만남이 얼마나 중요한지를 알려주는 좋은 실례입니다.

대화야말로 인간다운 인간으로 성장해 가는 데 필수 불가결한 것입니다. 대화는 곧 우리의 삶이고 좋은 대화는 사람을 살리는 만남이 될 수 있습니다. '침묵은 금'이라는 격언은 더 이상 시대정신에 맞지 않습니다. 오히려 '경우에 합당한 말은 아로새긴 은쟁반에 금 사과'(잠 25:11)라는 말씀의 가르침에 귀를 기울여야 할 때입니다.

기독교적 신앙은 하나님과의 만남이요, 이것은 대화에서 시작됩니다. 그것은 인간의 능력에 의해서 그리스도인 된 것이 아니라 초월적 존재이신 하나님께서 먼저 인간을 사랑하셔서 섬기시는 주도적인 사귐 때문에 만남이 시작되었습니다. 그래서 하나님과 인간과의 대화가 가능해진 것입니다. 이러한 관계는 단지 하나님과 인간 사이의 관계만을 새롭게 맺어주는 것이 아니라 인간과 인간 사이의 관계에서도 새로운 관계를 만들어가는 것입니다(마 22:37-40). 그래서 인간을 관계적 존재로 회복해 가십니다.

이러한 관계적 존재로서의 인간은 그 만남의 수단이 의사소통입니다. 의사소통의 통로는 대화입니다. 그리고 대화는 언어란 매개에 의해서 전개됩니다. 우리는 이미 하나님과의 관계에서 사랑을 받았기에 또 다른 사람들에게 순수하게 그 사랑을 줄 수 있으며, 줌으로써 다시 받을 수 있는 것입니다. 그래서 하나님의 사랑은 그 자체에 창조성이 있습니다. 즉, 사랑의 영인 성령께서 내 안에 계시기에 누군가를 사랑하려는 마음이 일어납니다. 이때 순수하고 이타적이며 자기희생적인 사랑의 관계와 만남을 시작하게 됩니다. 이렇게 인간관계 속에 사랑이 흐르게 하는 대화적 만남이 심정대화입니다.

◎ 위 글을 읽고 대화에 대해 새롭게 깨달은 것이 있다면 무엇인지요?

2. 성숙한 관계와 파괴적 관계

인간을 향한 하나님의 꿈은 공동체입니다. 자신의 형상을 따라 창조된 피조물들에 대한 하나님의 꿈은 "형제가 연합하여 동거함이 어찌 그리 선하고 아름다운고(시 133:1)"의 관계를 실현하는 것입니다. 그러나 오늘의 상황을 직시해 볼 때 교회 공동체는 물론이거니와 심지어 가족이나 배우자와의 관계에서도 참된 사랑의 관계를 찾아보기 힘든 것이 우리의 현실입니다.

하나님이 창조하신 모든 것들을 살펴보면 실로 다양합니다. 모든 사람의 생김생김이 다 다른 것처럼 생각과 추구하는 것이 서로 다른 것입니다. 심지어 똑같이 생긴 쌍둥이라 할지라도 서로의 인격은 다릅니다. 이렇게 서로 다른 사람들이 만나기 때문에 충돌을 경험할 수밖에 없는 것입니다. 지난 5천 5백여 년 동안 인류는 14,531번의 전쟁을 했다고 합니다. 이것은 매년 평균 2.5번의 전쟁을 한 셈이 됩니다.

하나님은 인간관계의 충돌을 제거할 수 있는 방법으로 서로 다름을 존중하며 조화를 이루는 법을 배우라고 하십니다. 충돌이 해결되지 않는 이유는 대부분 문제 자체보다 문제를 대하는 사람의 태도 때문입니다. 갈등 상황에서 성숙을 향해 나아가지 못하는 사람은 보통 자신과 타인을 파괴적으로 이끌게 됩니다. 반면 갈등을 통해 성숙한 관계를 만들 수 있는 사람은 자신과 타인 모두 건설적으로 이길 수 있는 방법을 모색합니다.

이 내용을 자세하게 표로 정리하여 비교해 보면 다음과 같습니다.

<표-1> 인간관계 갈등 비교

파괴적 관계	건설적 관계
내가 이기고 상대방이 지기를 바란다.	함께 이기기를 바란다.
상대방이 준비하고 있지 않을 때 만난다.	문제해결을 위해 장소와 시간을 정한다.
자신의 감정을 숨긴다.	자신의 느낌을 확실하고 정확하게 표현한다.
사람과 그의 성품을 공격한다.	사람이 아니라 문제에 초점을 맞춘다.
친구나 친척을 판단자로 세운다.	도움을 줄 수 있는 객관적인 전문가를 세운다.
부정적으로 상대를 비난한다.	긍정적인 태도를 가진다.
문제보다 상대방의 허물만을 들추어낸다.	문제에 집중하여 문제만을 푼다.
침묵과 고자세로 일관한다.	자신의 책임을 인정한다.
상상과 추측을 가지고 화를 내면서 상대방에게 변화를 요구한다.	경청하고 인내하면서 문제를 통해 배운다.

성숙한 관계에 있는 사람들은 서로 안심하고 무엇이든 솔직하게 이야기합니다. 성숙한 관계는 서로의 비밀이나 장벽도 존중하며, 필요하다면 열어주기도 하고 상대방의 응전도 수용합니다. 그 관계는 이미 갈등을 극복하고 상호 신뢰로 엮어진 관계이기 때문입니다. 하나님은 우리에게 사랑의 삶을 요구하고 계십니다. 이런 점에서 기독교인은 일생을 통하여 성숙한 관계를 끊임없이 확장해야 할 사명을 갖고 있습니다. 그러므로 진정으로 성숙한 관계를 이루기 위해서 갈등을 극복하는 능력을 배우며 성숙한 태도를 몸에 익히기 위해서 자기중심적인 악과 게으름을 극복해야 합니다. 이렇게 끊임없이 노력하다 보면 어떤 상황가운데서라도 성숙한 관계를 맺을 수 있는 인격의 힘을 키울 수 있을 것입니다.

◎ 파괴적 관계와 건설적 관계를 보며 나에게 해당되는 것이 있으면 그것이 무엇인지 나누어 봅시다. 특히 파괴적 관계의 모습이 나에게 있는 경우, 솔직하게 고백하고 그것을 어떻게 바꾸어 나갈 것인지 결심도 함께 이야기해 봅시다.

3. 심정대화 이해

대화란 무엇이든 진솔하고 자유롭게 표현할 수 있는 분위기 속에서 둘 이상의 사람들 사이에 이루어지는 의사소통 과정입니다. 이것은 일방적 의사전달이 아닌 상호의사 소통이며, 정보나 사실뿐만 아니라 의견이나 감정도 전달하고 교환하는 것입니다. 화자의 말 속에는 말하는 사람의 경험, 행동, 그리고 정서가 배어 있습니다. 우리가 들을 때는 화자가 말하려고 하는 것, 문제 상황을 기술할 때 드러내는 경험과 행동과 감정, 그리고 무엇을 보태고 무엇을 빼려고 하는지 주의 깊게 경청해야 합니다.

화자는 비언어적 행동을 통해서도 메시지를 전달하므로 이러한 메시지를 읽는 방법을 학습할 필요가 있습니다. 경우에 따라 얼굴 표정, 몸의 움직임, 목소리의 톤, 신체적 반응이 말보다 더 많은 메시지를 전달합니다. 사람들은 의사소통에서 말은 7%밖에 사용하지 않는 반면에 목소리는 38%, 얼굴 표정은 55%나 사용한다고 합니다. 따라서 전체 상황을 다 경청하면서도 비언어적 메시지의 체계를 알고 있어야 합니다.

이러한 일반적인 대화개념에서 한 단계 더 깊은 만남인 심정대화는 상대방의 심정을 알아주는 대화입니다. 심정이란 단어는 마음을 뜻하는 심(心)과 정서를 뜻하는 정(情)의 합성어로서 정은 '마음속에 있으며, 마음으로 느껴진 정서'를 말합니다. 한국인들은 가장 가까운 사람과의 관계를 표현할 때 '심정이 통하는 친구'라고 말합니다. 한국인에게 있어 정(情)이 든다는 것은 서로가 서로에게 좋아하는 마음, 친밀감, 아껴주는 마음을 갖는 것을 말합니다. 한국인에게는 이것이 인간관계의 이상적 수준으로 생각되고 있습니다.

심정대화는 말하는 이의 마음에 격려와 축복을 주는 것이며, 그의 심정에 공감하고 그의 관점에서 세상을 보는 것입니다. 모든 사람들은 서로를 마음껏 사랑하고 사랑받고 싶은 가슴 깊은 갈망이 있습니다. 따라서 가슴깊이 숨어 있는 따뜻한 마음을 심정대화로 만날 때 수많은 사람들의 문제가 치료되고 그들의 삶에 기쁨을 안겨줄 것입니다. 또한 심정을 만나게 되면 많은 오해와 갈등이 풀어지고 관계의 시너지가 발생합니다. 이때 인간관계의 능력이 극대화됩니다. 인간관계의 능력이란 결국 마음을 나눌 수 있는 대화의 능력인 것입니다. 이러한 대화능력이 있는 사람은 어떤 일이건 자신감을 갖게 됩니다.

심정대화를 하기 위해서는 먼저 듣겠다는 결심이 필요하며 화자가 보고 느끼는 방식대로 문제를 이해하고 화자의 입장을 상상하면서 이해하려고 노력해야 합니다. 즉 마음의 귀를 가지고 들으려고 노력해야 합니다. 대화중에 상대방의 말을 중간에 끊지 않고 가능하면 말을 끝까지 듣도록 하되, 부득이하게 말을 막아야 한다면 사전에 충분한 약속이 있어야 하며 그 행동이 그 사람을 돕는다는 확실한 방향이 있어야 합니다. 또한 대화하는 도중 어떤 경우라도 상대방을 비난하는 마음으로 대하지 않습니다. 왜냐하면 대화중에 상대방이 자신을 비난한다고 느끼면 마음을 닫아버릴 수 있기 때문입니다. 따라서 대화의 내용이 부정인지 긍정인지에 초점을 두지 않고 말하는 사람이 존중받는 느낌이 들도록 말하는 내용과 대화하는 사람을 구분하여 사랑으로 표현해야 합니다.

◎ 위 글을 읽고 심정대화란 무엇인지 정리해 보십시오.

4. 대화의 5단계

대화에는 그 수준에 따라 다음의 5단계로 나눌 수 있으며 5단계가 최상의 수준입니다. 이제 다섯 가지 수준의 나눔에 대해 피상적인 것에서부터 심층적인 것까지 살펴보고자 합니다.

〈그림-1〉 대화의 5단계

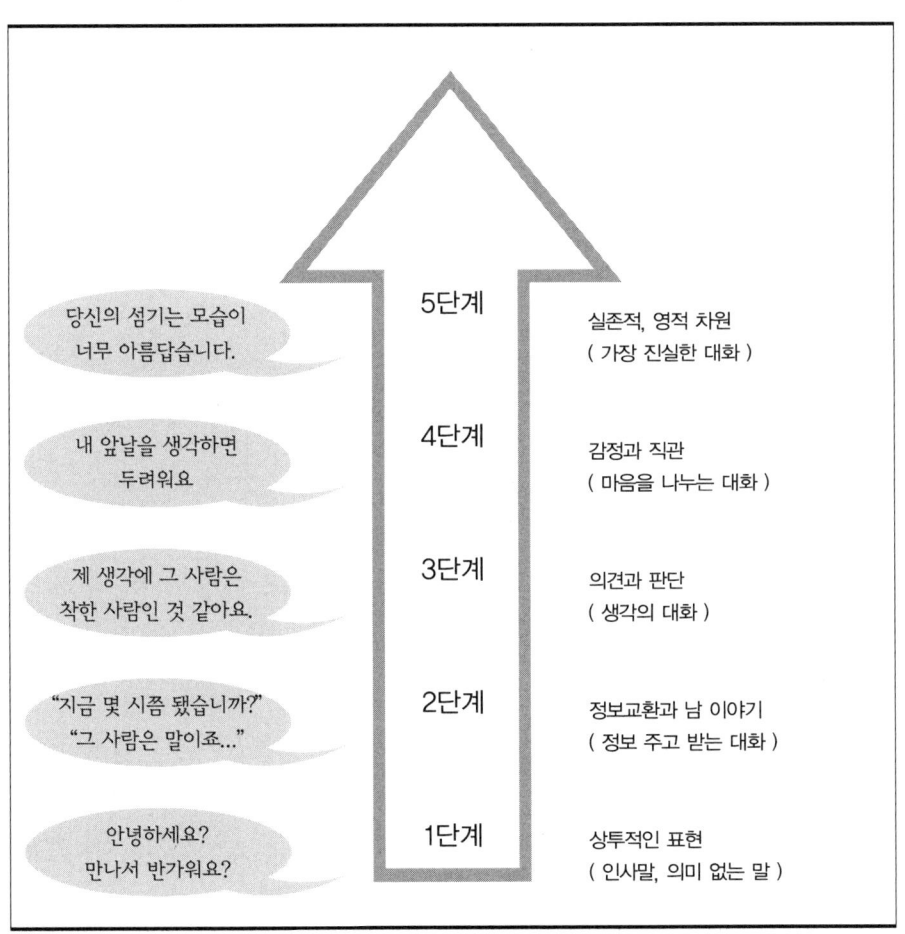

(1) 1단계: 상투적인 표현

상투적인 표현이란 언어적인 것과 비언어적인 것이 모두 포함되며 이것은 일상생활에서 흔히 쓰이는 것입니다. 예를 들어 악수는 몸짓의 형태로 나타난 상투적인 표현입니다. 즉 악수는 우정이나 인사를 지속한다는 의미이며, 두 사람 사이에 적의가 없음을 알리는 표시이기도 합니다. 우리는 악수를 하면서 "안녕하세요?", "만나서 반갑습니다.", "식사하셨습니까?", "어디 가세요?" 등의 인사나 "요즘 어떠십니까?", "잘 주무셨습니까?", "어떻게 지내세요?" 등의 문안 인사를 나누기도 합니다. 이런 말을 듣고 어떻게 대답할까 심각한 얼굴로 자세히 설명하려 든다면, 말을 건넨 쪽에서 당황해 하거나 희한한 일도 다 있다는 표정을 지을 것입니다. 이런 말은 안하면 분위기가 어색해지고 예의 없는 사람처럼 보일 것 같기 때문에 던지는 것일 뿐, 두 사람 사이의 나눔이나 자기 내면의 공개와는 거리가 먼 대화입니다.

(2) 2단계: 정보교환과 남 이야기

이 단계는 두 당사자의 삶과는 상관없는 일들에 대한 정보교환을 바탕으로 하고 있습니다. 피차에 중요한 일이나 혹은 그 순간 생각난 일들이 대화의 중심이 될 수도 있으나 개인적인 반응이나 개입은 배제됩니다. 이것은 인생의 친밀함을 나누는 대화는 아닙니다. 서로의 직업, 동창, 최근의 정치적 기류, 교회생활 등에 대해 대충 이야기 하고 허탈함과 외로운 심정으로 자리를 뜰 수 있습니다. 심지어는 성경 공부 시간에 예정론에 관해 격론을 벌이고 아브라함부터 사도 바울까지 엄청난 양의 성경 지식을 쏟아 냈음에도 불구하고 여전히 마음의 창문을 꽁꽁 닫아 건 채 소외와 단절의 그늘 속에 묻혀 있을 수 있습니다. 객관적 사실의 묘사나 정보 전달만으로는 심도 있는 만남이나 자기 노출이 불가능하기 때문입니다. 사실 부부 사이라 할지라도 이 단계의 대화를 벗어나지 못하는 경우가 너무도 많습니다. 예를 들어 경상도 남자들은 집에서 하루 세 단어를 사용한다는 우스갯소리가 있습니다. "아는?(아이는 어디 있는가?)", "묵자(식사합시다).", "자자(잠을 잡시다)."이러한 대화로는 동거인 이상의 깊은 관계로 진전할 수 없습니다.

(3) 3단계: 의견과 판단

3단계 대화부터 진정한 의미의 대화가 이루어진다고 볼 수 있습니다. 왜냐하면 이 단계부터 자신의 생각과 철학이 공개되어 자기의견에 대한 책임을 지기 때문입니다. 이것은 앞서 말한 두 단계보다 훨씬 깊은 단계입니다. 이 단계에서 대화하는 사람들은 내면의 자아에 관련된 내용을 서로 나누게 되는데 바로 이 점이 다른 단계들에 비해 깊이를 더해 주는 요소입니다. 이 수준에 이르러서야 내담자는 비로소 나를 언급하며 자신의 의견이나 판단, 생각, 견해, 입장 등을 밝히게 됩니다. 그리고 "제 생각에는…", "제가 아는 바로는…", "제가 볼 때에는…", "저는 이 사건을 이렇게 보는데…" 등의 관용적 어구를 동반하기도 합니다. 이것은 무엇인가 자신에 관한 사항을 노출시킴으로써 자신을 나누고 싶어 하는 것을 뜻합니다.

(4) 4단계: 감정과 직관

감정과 직관을 나누는 4단계의 대화에는 "오늘은 기분이 안 좋아." 또는 "기운이 하나도 없어요." 등과 같은 말을 거리낌 없이 할 수 있습니다. 또한 "왠지 모르지만 앞일이 어떻게 될까 생각하면 두려워.", "그냥 매사에 화가 나고 속이 상해.", "모든 게 다 마음에 안 들어요. 일이 제대로 돼 가고 있다는 느낌이 안 들어요. 물론 제 생각이 틀릴 수도 있지만 그래도 제 직감에는…"이런 말도 가능합니다. 우리는 4단계 대화를 통해서 긍정적인 감정을 표현할 수 있습니다. "당신이 곁에 있으면 정말 좋아요.", "이 계획은 느낌이 좋아.", "오늘 같은 날에는 생각했던 것보다 훨씬 진한 행복을 느껴요."

(5) 5단계: 실존적, 영적 차원

이것은 우리의 내면이 진정으로 친밀한 관계 안에서 누릴 수 있는 모든 긍정적인 특성들을 발견할 가능성이 가장 높은 단계입니다. 뿐만 아니라 이것은 깊은 영적인 나눔의 단계이고 사람의 마음과 마음이 이어지는 단계입니다.

윌리엄 바클레이의 책에는 위대한 화가 벤자민 웨스트가 그림을 시작하게 된 경위가 나와 있습니다. 어느 날 어머니는 벤자민에게 어린 여동생 샐리를 맡기고 외출했습니다. 어머니가 집에 없는 사이 그는 컬러 잉크병을 발견하고는 그것으로 샐리의 얼굴을 그리기 시작했습니다. 그 바람에 집안 여기저기가 온통 잉크 자국으로 난장판이 되었습니다. 어머니가 돌아왔을 때 어질러진 모습을 보았으나 어머니는 그것에 대해 아무 말도 하지 않았습니다. 대신 종이를 집어 들어 그림을 보고는 "아니, 이거 샐리 아냐!" 하고 말하며 벤자민에게 입맞춤을 해주었습니다. 그때부터 벤자민 웨스트는 기회 있을 때마다 "나는 어머니의 입맞춤 덕분에 화가가 되었습니다."라고 말하곤 했습니다.

격려와 인정의 말이 상대방을 성장하게 하고 자존감을 높이며 열망을 불러일으킬 수 있습니다. 우리는 우리를 믿어주고 그 믿음을 거리낌 없이 표현해 주는 환경에 있을 때 가장 잘 성장할 수 있습니다. 5단계 대화에서 사람들은 인정과 직면의 능력을 키울 뿐 아니라, 고백하고 용서하는 능력도 갖추게 됩니다. 이런 대화는 위기를 만날 때 상황을 이겨낼 힘의 기반이 됩니다.

💡 대화의 5단계를 보며 깨달은 것은 무엇이며, 당신은 주로 어느 단계의 대화를 하시는지 나누어 봅시다.

활동(30-40분)

1. 심정대화 방법

다음은 일반적인 대화입니다. 대학에 갓 들어간 학생이 엄마와 나눈 대화입니다.

"엄마! 이번 주 금요일에 우리 과 MT간다! 신입생부터 4학년 선배들까지 모두 같이 가는 건데, 재미난 프로그램이 참 많아!"

대학에 입학한 뒤 처음 MT를 떠나게 된 딸은 신이 났습니다.

"우리 동기들 모두 이것저것 준비하느라 야단들이야!"

그때 나물을 다듬으며 무표정하게 계속 듣고 있던 어머니가 불쑥 던진 말은, "그래 얼마냐?"였습니다.

"뭐라구?"

"그래서 필요한 돈이 얼마냐구?"

"엄마도 참!"

"결국 돈 달라는 이야기 아냐?"

대학생이 되어 MT를 떠나게 된 기쁨을 엄마와 함께 나누고 싶었던 딸은 결국, "우리 엄마하고는 무슨 이야기를 못해!"하며 돌아서고 말았습니다.

심정 대화를 하기 위해서는 먼저 다음의 세 단계로 구분하여 연습을 합니다. 그것은 요약하기, 상대방 심정 알아주기, 그리고 내 심정 전달하기입니다. 각각의 단계에 대한 연습을 충분히 한 후에 전체 문장으로 표현하도록 합니다.

① 요약하기(20%)

메시지의 내용을 정확하게 압축해서 반사하는 것으로서 화자의 말을 약간 사용해 가면서 자신이 이해한 말로 정리하여 재진술하는 것입니다.

예문: "엄마! 이번 주 금요일에 우리 과 MT간다! 신입생부터 4학년 선배들까지 모두 같이 가는 건데, 재미난 프로그램이 참 많아!"

> 요약 연습 : "이번 주 금요일에 M.T 가는구나. 신입생부터 4학년 선배까지 모두 함께 가고 재미있는 프로그램도 있다는 얘기구나."

② 상대방 심정 알아주기(70%)

상대방의 말을 요약한 후에 상대방의 심정이 어떠했는지 그 사람의 입장에서 상상해보고 그것을 말로 표현해 주는 것입니다. 이러한 표현은 단순한 동의 정도가 아니라 상대방의 메시지가 그 자체로서 논리가 있음을 인정하는 것이며 그 사람과 내가 마음으로 하나가 될 수 있는 가능성을 열어주는 것입니다. 상대방의 심정을 알아주기 위한 말은 다음과 같습니다.

"당신은 (슬픈, 굉장히 염려되는, 두려운, 놀라운, 화가 나는, 흥분된…)감정을 느낀 것 같아요. 또는 당신이 느끼는 것은 (이러저러한) 느낌이라고 추측됩니다."

> 상대방 심정 알아주기 연습 : "네가 이제 대학생으로서 첫번째 M.T를 가게 되니 기대가 크겠구나. 4학년 선배까지 모두 함께 가니 학교의 분위기도 파악되고 여러 다양한 모임이 있을테니 너무나 신나겠는걸. 이제야 말로 네가 대학생인 기분이 확실히 들겠다. 게다가 재미있는 프로그램도 있으니 아주 좋겠구나."

③ 내 심정 전달하기(10%)

상대방의 이야기에 깊이 공감하면서도 나의 진솔한 심정을 직접적으로 전달하는 것입니다. "당신의 이야기를 듣고 당신의 _____한 느낌이 전해지면서 내 마음은 이러했습니다."라고 나의 심정을 전달합니다.

> 내 심정 전달하기 연습 : "네가 그렇게 좋아하고 행복해하는 모습을 보니 엄마도 기쁘고 행복하구나. 그동안 공부하느라고 수고 많았다. 잘 다녀오렴."

〈심정대화 정리〉

"네가 이번 금요일에 대학생으로서 첫번째 M.T를 가게 되니 기대가 크겠구나. 4학년 선배까지 모두 함께 가니 학교의 분위기도 파악되고 여러 다양한 모임이 있을 테니 너무나 신나겠는걸. 이제야 말로 네가 대학생인 기분이 확실히 들겠다. 게다가 재미있는 프로그램도 있으니 아주 좋겠구나. 네가 그렇게 좋아하고 행복해하는 모습을 보니 엄마도 기쁘고 행복하구나. 그동안 공부하느라고 수고 많았다. 잘 다녀오렴."

2. 심정대화 연습

심정대화를 연습하기 위해서는 요약, 상대방 심정 알아주기, 내 심정 전달하기의 세 단계를 구분해서 연습한 다음, 전체를 정리하도록 연습하십시오. 처음에는 어색하겠지만 이런 방법으로 연습을 해야 상대방의 심정에 따라 대화하는 기술이 몸에 익게 됩니다.

예문: "저는 초등학교 2학년 때 처음으로 담임선생님께 사랑을 느꼈습니다. 그 선생님은 저를 매우 귀여워해 주셨고 칭찬도 해 주셨습니다. 저는 이러한 사랑을 처음 받아보았기에 너무 기쁘고 행복했지만 한편으론 놀랍기도 하면서 그 사랑이 믿어지지 않기도 했습니다."

1) 요약 :

2) 상대방의 심정 :

3) 내 심정 :

3. 실습하기

3명이 한 조가 되어 A는 지금 자신의 희로애락 중 제일 큰 감정을 표현합니다. 그때 B가 ① A의 말을 요약하고 ② A의 심정을 전달하고 ③ 내 심정을 말하는 순서로 적절히 진행합니다. C는 관찰자가 되어 잘한 점과 잘못한 점에 대해 평가자의 입장에서 얘기해줍니다. 역할을 바꾸어 계속합니다.

마무리(10분)

3강에서는 바람직한 공동체를 만들어가기 위해 성숙한 관계란 어떤 것인지 살펴보고 그 대안으로 심정대화 기술과 수준 높은 대화를 배웠습니다. 수준 높은 대화를 하기 위해서 익혀야 할 심정대화 기술을 연습하고 훈련하였습니다.

3강 전체를 공부하고 나누면서 가장 크게 마음에 와 닿은 것이나 깨달은 것이 있다면 무엇인지 나누어 봅시다.

기도(5분)

이 강을 통해 좋은 배움과 훈련을 갖게 해 주신 하나님께 감사하고 동료들에게 격려와 축복의 말을 전합니다.

4강
감정표현 훈련

4강 감정표현 훈련

목표 : 자신의 감정을 느끼고 표현함으로 마음의 시원함과 관계의 자유함을 맛보도록 합니다.

현재 심정 나누기(10-20분)

모임을 시작하면서 느껴지는 나의 심정을 중심으로 진솔하게 이야기를 나누어봅시다. 말하는 분은 자신의 심정을 잘 느끼고 사고로 통합하여 말하며, 듣는 분은 상대방의 이야기에 집중하고 경청하여 그의 심정을 잘 듣고 긍정적으로 피드백합니다.

목표 제시(5분)

이 강의 목표와 주제 말씀을 다 같이 읽고 그 의미가 무엇인지 생각해 봅시다.

주제 말씀

내가 고통 중에 여호와께 부르짖었더니 여호와께서 응답하시고 나를 넓은 곳에 세우셨도다(시118:5)

> **의미** 다윗은 모든 괴로움을 하나님께 토로함으로서 하나님의 위로와 응답의 축복을 받았습니다. 그리고 모든 장애와 억압으로 부터 벗어나 인간관계에서도 자유롭게 살아가는 삶의 능력을 경험하였습니다. 우리도 그 누구에게 말하기 힘들었던 감정을 하나님께 고백하고, 사랑하는 공동체에 이야기함으로 하나님으로 부터 오는 위로와 축복을 경험해 봅시다.

나눔(30-40분)

여기에 있는 내용을 한 단락씩 나누어 읽어가며 그때 들은 생각이나 깨달음, 느낌 등을 자연스럽게 이야기합니다. 그리고 각 내용에 따라 제시된 질문을 보고 진솔하게 나눔을 합니다.

1. 감정 표현의 필요성

한국인은 유교 문화의 영향으로 감정을 억압하는 민족입니다. 그래서 한이 쌓이고 원망과 분노가 많습니다. 억압은 정서적인 한센병입니다. 그래서 인격을 파괴시키며 관계능력을 상실하게 만듭니다. 이것은 문제해결을 피하면서 비인격적인 경향으로 나타납니다. 그러므로 정서적인 진솔함으로 관계할 수 있도록 반드시 치료해야 합니다. 우리의 문화는 상대방이 나에게 잘못한 것을 그때그때 생각하고 처리하며 사는 것이 아니라 덮어두고 사는 문화입니다. 그래서 비겁한 줄 알면서 뒤에서 미워하거나 험담하면서 다른 사람에게 자신의 분노를 쏟아놓습니다. 뿐만 아니라 억압하고 참고 있다가 어느 순간 자기도 모르게 한꺼번에 분노가 폭발하여 한순간에 그 사람과 적이 되어 버리는 것입니다. 억압의 심각성은 자신의 마음이 어떠한지 자신도 모른다는 데에 있습니다. 내 안에 어떤 마음이 있고 어떤 감정이 있으며 어떤 미움이 있는지 나도 모르는데 타인이 내 마음을 어떻게 알겠습니까? 그래서 다른 사람과 잘 지내다가도 어느 날 갑자기 다시는 보고 싶지 않다는 감정이 일어나면서 절교를 생각하게 됩니다. 이처럼 억압은 관계를 파괴시키는 무서운 역할을 합니다.

시편 31편에 보면 다윗은 죄로 인하여 너무 괴로운 나머지 눈이 나빠지고 영혼이 상했음을 말하고 있습니다. 그는 근심 때문에 육체적인 건강이 나빠진 것은 물론이고 정신적인 고통과 영적인 위협까지 받게 되었습니다. 그래서 생명의 위태로움 속에서 "주여, 나의 영을 주의 손에 부탁하나이다(5절)"라는 비장한 기도를 드리며 떨고 있습니다. 사람이 감당하기 힘든 어려움을 당할 때는 누구나 다윗과 같이 복잡한 감정의 소용돌이를 겪는 것입니다.

사람들은 대부분 부정적인 감정에 대해서는 표현하거나 인정하는 것 자체를 매우 힘들어합니다. 그러나 건강한 삶은 현재 일어나는 자신의 감정을 매 순간 알아차리며 다스리는 것입니다. '생각'은 우리의 길을 이끌고 '감정'은 우리 삶의 동력으로서 온전한 삶을 사는 데 필요한 에너지를 줍니다. 이 때문에 감정에서 달아나 감정이 없는 듯 가장하여 감정을 억압하면 대개 삶의 활력을 잃어버려 우울증이나 심인성 질환 등 각종 질병으로 발전하게 됩니다.

감정을 느끼며 산다는 것은 나의 감정이 느껴지는 대로 말하며 "내 멋대로 살자."와 같은 슬로건 아래 감정에 지배당하는 삶을 살라는 뜻이 아닙니다. 기독교적 입장에서 감정을 표현한다는 것은 자신의 감정을 있는 그대로 인정하고 충분히 느낀 다음, 자신의 신앙 규범에 따라 감정을 다루어가는 것입니다. 그럼에도 불구하고 사람마다 개인차가 있기는 하지만 자신의 감정을 있는 그대로 직면하고 언어로 표현하는 것은 두렵고 힘든 일입니다.

일반적으로 사람들이 감정 표현을 불편하게 느끼는 원인은 첫째, 감정을 직면하고 인정하기가 어렵고, 둘째, 자신의 은밀한 부분을 남이 알면 부끄럽고, 셋째, 감정을 드러내서 말한다는 자체가 익숙하지 않고, 넷째, 감정을 밖으로 드러내기보다는 속에 묻어두고 살아가게 하는 우리의 전통과 문화 때문입니다. 특히 한국인들은 감정을 함부로 표현하는 것은 경박하고, 점잖지 못하다는 교육을 받아왔기 때문에 감정을 늘 억제하며 살아왔습니다. 또한 현대 교육이 주로 지성만을 발달시켜 왔고 감정에는 귀를 기울이지 않았기 때문에 우리 안에 일어나는 부정적 감정들을 파악하기가 어렵습니다. 하지만 감정을 억압하지 않고 표현을 하게 되면 마음과 마음이 만나는 기쁨과 함께 치료의 경험도 일어나게 됩니다.

◉ 위 글을 읽고 감정표현의 어려움을 겪은 자신의 경험을 나누어 봅시다.

2. 감정 표현의 과정

감정은 겉으로 표현되어야만 합니다. 감정을 억압하거나 부인하면 예상치 못했던 방법으로 나타나게 됩니다. 예를 들어 슬픈 감정을 떨쳐버리지 못하면 시간이 흐르면서 슬픔의 농도는 더욱 커져 나중에는 우울증으로 발전하게 됩니다. 그리스도인들이 화를 내면 안 된다고 생각하는 이유는 화를 표현하면 갈등이 빚어지고, 갈등은 하나님께서 원하시는 것이 아니라고 보기 때문입니다. 그러나 갈등은 인간관계를 성숙함으로 만들어가는 과정에서 필연적으로 생기는 부산물입니다.

예수님께서도 율법학자들과 바리새인들을 향해 '사기꾼, 위선자'라고 하면서 화를 내셨고 그들에게 재앙이 있을 것이라고 선언하였습니다. 또한 수제자인 베드로를 향해서는 "사탄아 물러가라"고 하시면서 화를 내셨습니다. 예수님께서는 하나님이시면서 동시에 인간이셨지만 이 세상에 사시는 동안 결코 화를 억누르지 않으셨습니다. 그러므로 우리가 화를 낸다는 것은 하나님 뜻에 어긋나는 것이 아님을 알아야 합니다. 다만 화를 오래 품고 있는 것은 우리에게 유익하지 않기 때문에 해가 지도록 분을 품지 말라고 말씀하신 것입니다(엡 4:26).

감정을 건강하게 표현하는 단계는 다음과 같습니다.

첫째, 자기 안에 있는 감정을 있는 그대로 보고 받아들입니다. 사소한 감정, 유치한 감정일수록 더 세심하게 신경을 써서 받아들이고 불쾌한 감정이 있으면 그것을 억누르지 말고 있는 그대로 인정해야 합니다. 감정은 억누르면 억누를수록 격해지고 끝내 폭발하고 맙니다.

둘째, 부정적 감정을 겉으로 표현합니다. 부정적인 감정이라 해도 거부하지 않고 인정해 주고 소중하게 다루면 긍정적 힘이 될 수 있습니다. 그런데 자기 안의 부정적 감정을 알고 있으면서도 남에게 표현할 때에는 진짜 감정을 숨기고 다른 감정을 드러내는 경우가 많습니다. 예를 들면 툭하면 화를 내는 사람의 경우, 이런 사람의 진짜 감정은 분노가 아닐 수 있습니다. 또한 자신의 두려움이나 슬픔, 후회를 드러내고 싶지 않아 화를 냄으로써 위장하는 경우도 있는 것입니다.

셋째, 부정적 감정과 자신을 동일시하지 말아야 합니다. 불같이 화가 난다 해도 그 화가 나 자신은 아닙니다. 내 안에 큰 슬픔이 있다 해도 그 슬픔이 나는 아닌 것입니다. 어떤 감정이 우리 마음을 차지하고 있을 때 그 감정과 나 자신을 분리하기 위하여 다음과 같은 말을 자주 들려주도록 하십시오. "화는 나지만 그 화가 나 자신은 아니다. 나는 충분히 화를 다스릴 수 있다." "내가 외로움을 느끼고 있지만 그 외로움이 나 자신은 아니다. 나는 외로움을 충분히 다스릴 수 있다." 감정과 자신은 동일한 것이 아닙니다.

🕐 이 시간에 일어나는 감정을 다음의 방법에 따라 표현해 봅니다.

① 현재(또는 오늘 하루 중 있었던) 나의 감정이 어떠한지 느껴 봅니다. ② 그 감정을 자신의 것으로 수용합니다. ③ 자신의 감정을 감정의 언어인 느낌의 말로 표현합니다.
이때 듣는 사람은 화자가 부정적으로 표현할지라도 그의 본 마음은 긍정임을 이해하면서 있는 그대로의 감정을 받아주는 연습을 해 봅시다.

예1: 나는 아침에 ○○님이 빨리 일어나라는 말을 듣고 순간 불편한 마음이 들었습니다.

예2: 나는 지금 이 순간에 새롭고 재미있는 공부를 하게 되어 기쁘고 즐거운 마음이 들었습니다.

3. 힘든 중에 나와 함께 하시는 하나님

유치원에 다니는 어린 딸을 키우며 행복하게 살고 있는 어떤 부부가 있었습니다. 어느 날 아내가 이름 모를 병에 걸려 시름시름 앓다가 그만 남편과 어린 딸을 두고 먼저 세상을 떠나고 말았습니다. 남편이 아내를 땅 속에 묻은 후 딸아이의 손을 잡고 집으로 돌아오는데 발이 떨어지질 않습니다. 어린 딸을 데리고 간신히 집에 도착하여 문을 열고 들어가 보았더니 방안이 썰렁

하기 그지없습니다. 갑자기 외로움과 고독이 밀려들고, 음산하고 스산한 무서움까지 느껴집니다.

밤이 되어 딸아이를 침대에 눕히고 토닥토닥 잠을 재워 놓고 난 다음 자기 방에 와서 잠을 청하는데 잠이 오지 않습니다. 그때 어둠 속에서 딸아이 울음소리가 크게 들립니다. 놀라서 달려가 딸아이의 손을 꼭 잡고 달랩니다.

"괜찮아, 괜찮아…"

아이가 울면서 이런 말을 합니다.

"아빠, 캄캄해서 내가 아빠를 보지 못해도 아빠는 나를 보고 있을 거지? 어두워서 아빠가 보이지 않아도 아빠는 나를 사랑할거지?"

갑자기 그의 눈에 뜨거운 눈물이 왈칵 쏟아집니다. 그는 고개를 끄덕이며 아이에게 이런 확신을 줍니다.

"그럼, 사랑하고 말고…. 아빠는 언제나 너를 보고 있단다. 언제나 너를 사랑할거야."

딸아이를 위로하고 잠들 때까지 함께 있어준 다음 자기 침대로 돌아와 자리에 누웠습니다. 그런데 갑자기 딸아이의 음성이 또렷하게 귓가에 울립니다.

"아빠, 캄캄해서 내가 아빠를 보지 못할 때도 아빠는 나를 보고 있을 거지? 어두워서 아빠가 보이지 않아도 아빠는 나를 사랑할거지?"

그 순간 그는 자기도 모르게 침대에서 벌떡 일어나 무릎을 꿇고 주님 앞에 엎드려 이런 고백을 하기 시작합니다.

"그렇군요. 주님, 지금 이 순간은 내가 너무 슬퍼서 하나님이 보이지 않습니다. 너무 절망적이어서 하나님을 찾을 수가 없습니다. 그럼에도 불구하고 하나님은 나를 보고 계시지요? 하나님은 내 딸과 나를 사랑하시죠? 하나님, 이 사랑을, 이 놀라운 깨달음을 어린 딸을 통해 내게 깨우쳐주셔서 감사합니다."

그는 어린 딸아이의 음성을 통해서 하나님의 마음을 느낄 수가 있었습니다. 이렇게 하나님의 사랑에 대한 믿음이 있는 사람은 아무리 큰 고난 중에서도 소망을 가지고 살아갈 수 있습니다.

인생의 삶 속에서 기쁘고 행복할 때 하나님께 감사하기는 쉽습니다. 하지만 어려움과 고난이 밀려올 때는 하나님이 나를 버리신 것 같고 외면하고 계신 것처럼 느껴져서 감사하기가 어렵습니다. 그러나 하나님과 인격적으로 분명한 관계를 형성하고 있었던 욥을 보면 그는 상황이 아무리 어려워도 하나님을 향해 자신의 신앙을 고백하며 인생을 의탁합니다. 욥은 가장 힘든 순간에도 다음과 같이 기도드립니다. "주신 이도 여호와시요 거두신 이도 여호와시오니 여호와의 이름이 찬송을 받으실지니이다(욥 1:21)" 이것은 내 삶에 어떤 일이 닥쳐도 주님만 의지한다는 분명한 고백입니다.

우리가 인생을 살다보면 예측하지 못한 고통으로 괴로워 할 때가 많습니다. 예수님을 믿기만 하면 한 순간에 고통이 행복으로 변할 것으로 믿는 사람들이 있습니다. 그러나 하나님은 자주 우리의 기대와는 다르게 인도하십니다. 이럴 때 우리는 다니엘의 세 친구처럼 "그렇게 하지 아니하실찌라도 왕이여 우리가 왕의 신들을 섬기지도 아니하고 왕의 세우신 금 신상에게 절하지도 아니할 줄을 아옵소서(단 3:18)"라고 고백하며, 하나님을 신뢰함으로 내 인생을 의탁하는 수직적 차원의 태도를 가져야 합니다. 이러한 감정표현이 그리스도인의 신앙고백이요, 자기표현입니다.

산다는 것은 상처를 받는 것이기에 우리 인간은 모두 다 상처 가운데 살아갑니다. 이런 것을 너무도 잘 아시는 하나님께서는 상처받은 우리를 항상 위로해 주시고 치료해주시며 고통 가운데서 우리를 건져주고 싶어 하십니다. 왜냐하면 하나님은 사랑이시기 때문입니다. 하나님의 사랑이 눈에 보이지 않고 들을 수 없고 느껴지지 않는다 하더라도 그것은 항상 여기 내 안에, 나와 함께 존재합니다.

◎ 힘든 상황에서도 함께해 주신 하나님에 대한 경험을 나누어 봅시다.

4. 예수님의 감정표현

예수님의 감정표현은 어떠했는지 살펴봅시다.

(1) 고통을 표현하신 예수님

예수님은 죽기 전날 밤, 제자들과 함께 겟세마네로 가셨습니다. 예수님은 사랑이 풍성하고 온유한 분이셨지만, 인류를 구원하기 위해 십자가에서 죽어야 한다는 것은 그분에게도 엄청난 고통이었습니다. 주님은 몹시 괴로워하시며 "내 마음이 괴로워 죽을 지경이다. 너희는 여기에 머물러 나와 함께 깨어 있어라.(표준새번역, 마 26:38)" 하시고 하나님께는 이렇게 기도하셨습니다. "나의 아버지, 하실 수만 있으시면 이 잔을 내게서 지나가게 해주십시오. 그러나 내 뜻대로 하지 마시고, 아버지의 뜻대로 하십시오.(표준새번역, 마 26:39)"

극심한 두려움과 심적 부담 때문에 힘쓰고 애써 기도하시는 예수님의 기도는 땀이 핏방울 같이 되는(눅 22장) 간절한 기도였습니다. 그분은 우리처럼 어려울 때 기도하고 매달리셨습니다. 그분이 그러셨던 것처럼 우리도 우리의 약함을 조금도 부끄러워할 필요가 없는 것입니다.

(2) 인정 많으신 예수님

예수님이 얼마나 인정이 많으신 분인지는 성경 도처에 기록되어 있습니다. 어려움을 당한 사람, 병으로 신음하는 사람, 가족을 잃고 비탄에 젖은 사람, 곤고하여 낙심된 사람들을 대할 때 그분은 깊은 동정심을 가지고 대하실 뿐 아니라 회개하지 않는 백성의 완악함을 보시고 장차 다가올 심판 때에 그들이 울부짖을 것을 생각하시고 마음 아파 우셨습니다(눅 19:41). 그리고 나사로의 죽음으로 인해 슬피 우는 그의 누이들과 유대인들의 눈물을 보시고 인간의 죄와 악으로 인해 죽음의 고통이 다가온 것을 안타까워하시고 같이 우셨습니다(요 11:35).

(3) 분노와 기쁨을 표현하신 예수님

우리는 분노로 불붙는 예수님의 모습을 자주 보게 됩니다. 무엇에 분노하느냐와 어떻게 그것을 표현하느냐가 중요할 뿐, 분노한다는 것 자체는 자연스러운 것입니다. 예수님은 베드로에게 나타난 '자신의 유익'만을 추구하는 이기적인 본성에 대해 격분하셨고(마 16:23), 야고보와 요한이 권세자의 자리에 집착할 때 안타까워하셨습니다(마 20:23). 그리고 성전을 강도의 굴혈로 만들어버린 유대인들에 대해 분노하며 채찍을 휘두르셨습니다(눅 19:45-46). 비통과 분노의 감정 말고도 예수님께서는 백부장의 믿음(마8:10)과 옥합을 깨뜨려 예수님을 맞이한 여인을 보면서(막 14:9) 행복해하셨고 잔잔한 기쁨을 표현하셨습니다.

◎ 예수님의 감정 표현을 보면서 들은 생각은 무엇이었으며 나의 감정 표현은 어떠했는지 나누어 봅시다.

5. 감정표현의 유익

감정을 겉으로 표현하면 다음과 같은 유익이 있습니다.

첫째, 마음과 마음의 만남을 통해 인간관계의 풍성함을 체험하며 행복을 느낍니다. 행복은 사소한 정서를 나눌 때 찾아옵니다. 그러므로 아주 작은 기쁨이라도 그것을 표현하면 부정적인 생각이 해소되고 기쁨이 가득한 삶을 누리게 됩니다.

둘째, 감정표현은 묘한 마력과 창조력이 있어서 마음을 표현하면 억압이 사라지며 자유로워질 뿐 아니라 지성과 정서가 개발됩니다.

셋째, 감정을 자유롭게 표현하는 기술을 가지게 되면 인격과 인격의 진실한 만남이 이루어지면서 사람을 얻게 됩니다.

넷째, 수직적 차원에서 하나님께 마음을 열어 진실한 감정을 토하게 되면 하나님과 깊은 만남과 교통이 일어나 새로운 축복을 얻게 됩니다.

다섯째, 정화(catharsis) 효과를 가져옴으로써 마음의 치료가 일어날 수 있습니다. 때로 특정인에 대한 분노의 감정을 억누르고 있거나 죄책감을 가지고 있으면 심적으로 힘이 들고 만성 두통, 위궤양, 고혈압 등의 신체적 불편함을 느낄 수도 있습니다. 이런 경우 이 사실을 누군가에게 말하고 나면 아주 편안함을 느끼게 됩니다.

6. 상처입은 나의 감정 만나기

사람들은 상처를 입게 되면 대부분 다음의 세 가지 유형의 감정이 두드러지게 나타납니다.

첫째, 두려움입니다. 어린 시절에서 비롯된 감정들은 보통 두려움이 지배적입니다. 대개 어렸을 때 우리에게 상처를 입힌 사람들은 성인들이었으며 그들은 힘을 가진 사람들이었습니다. 그때 그들을 두려워하는 것은 자연스러운 일이었으며, 그러한 두려움은 종종 오늘날의 우리가 경험하는 상황에도 영향을 줍니다. 그러나 현재는 내가 그를 감당할 수 있는 성숙한 존재임을 자각하고 두려움과 맞서야 합니다. 두려움은 대상도 없고 실체도 없는 하나의 감정에 지나지 않기 때문입니다.

둘째, 죄책감과 수치심입니다. 죄책감은 우리가 무슨 행동을 했는지에 관련이 있고, 수치심은 우리가 누구인지에 관련이 있습니다. 뭔가 잘못을 범하고 그것에 대해 기분이 좋지 않을 때, 그것은 죄책감입니다. 잘못을 범했기 때문에 나는 문제가 많은 사람이라고 결론을 내린다면 그것은 수치심인 것입니다. 때때로 자신의 행동을 뒤돌아보는 건강한 죄책감은 필요합니다. 그러나 존재를 거절하는 느낌을 주는 수치심을 자극하면 인격적이며 성숙한 삶을 사는 데 어려움을 겪게 됩니다.

셋째, 분노입니다. 우리가 우리에게 행해진 해로운 일들과 그러한 상처로 인해 생겨난 두려움, 죄책감, 수치심과 같은 감정들을 인식하기 시작할 때, 대개 오래지 않아 분노가 표면으로 끓어오릅니다. 따라서 자신의 감정과 연관된 감정이 두려움이라면 맞서 싸우는 용기가 필요하며, 죄책감이라면 건강하게 자신의 행동을 반성하는 기회로 삼아야 하고, 수치심은 인격적인 거절감을 줄 수 있기에 자신의 행동과 존재를 분리하는 성숙함이 필요합니다. 그리고 분노의 감정이라면 앞에서 이미 언급한 것처럼 건강하고 긍정적으로 표현하는 연습이 필요한 것입니다.

활동(30-40분)

1. 감정과 연관된 사건 나누기

자신의 인생에서 기쁨을 주었던 사건과 수치심이나 죄책감, 분노, 두려움이나 공포를 느낀 사건을 떠올려 보고 그것을 그림으로 표현해 봅니다. 조별로 함께 나누며 이때 자신의 감정이 어떠했는지 더 깊은 수준까지 자신의 감정을 찾아봅시다.

인생의 중요한 사건 4가지 그리기(심수명의 예)

<생애에서 가장 기뻤던 사건>	<가장 화가 났던 사건(분노)>
<슬프거나 속상했던 사건>	<사랑과 행복을 느낀 사건>

2. 표정으로 만나기

〈그림-2〉 얼굴표정

① 지금 당신은 어떤 표정을 짓고 있습니까? 그 이유는 무엇입니까?

② 당신이 가지는 평소의 표정은 어떤 표정입니까? 왜 그렇습니까?

③ 당신이 원하는 표정은 무엇입니까? 왜 그렇습니까?

마무리(10분)
　4강에서는 자신의 감정을 느끼고 표현함으로 마음의 시원함과 관계의 자유함을 맛보기 위해 감정표현의 필요성과 감정 표현의 과정을 배우고 자신의 감정을 자유롭게 표현하셨던 예수님의 모습을 살펴보았습니다. 또한 자신의 삶에서 가장 기뻤던 순간과 힘들었던 사건을 회상해보면서 자신과 타인을 만나는 시간을 가졌습니다.
　4강 전체를 공부하고 나누면서 가장 크게 마음에 와 닿은 것이나 깨달은 것이 있다면 무엇인지 나누어 봅시다.

기도(5분)
　이 강을 통해 좋은 배움과 훈련을 갖게 해 주신 하나님께 감사하고 동료들에게 격려와 축복의 말을 전합니다.

5강
공감 훈련

5강 공감 훈련

목표: 수준 높은 공감을 몸에 익히도록 합니다.

현재 심정 나누기 (10-20분)

모임을 시작하면서 느껴지는 나의 심정을 중심으로 진솔하게 이야기를 나누어봅시다. 말하는 분은 자신의 심정을 잘 느끼고 사고로 통합하여 말하며, 듣는 분은 상대방의 이야기에 집중하고 경청하여 그의 심정을 잘 듣고 긍정적으로 피드백합니다.

목표 제시(5분)

이 강의 목표와 주제 말씀을 다 같이 읽고 그 의미가 무엇인지 생각해 봅시다.

주제 말씀

오히려 자기를 비어 종의 형체를 가지사 사람들과 같이 되셨고(빌2:7)

> **의미** 예수님께서 인간을 이해하고 공감하시기 위해 친히 하나님이신 그분이 인간이 되셨습니다. 이것은 너무도 놀라운 사랑의 표현입니다. 성육신은 바로 공감의 극치입니다. 공감은 나의 자리에서 상대방을 보고 이해하는 것이 아니라 그의 자리에 가서 그가 느끼고 보고 생각하는 대로 만나주는 것입니다. 우리도 예수님의 공감의 마음을 본받아 다른 사람에게 공감함으로 진정한 사랑의 창조자로 살아봅시다.

나눔(30-40분)

여기에 있는 내용을 한 단락씩 나누어 읽어가며 그때 들은 생각이나 깨달음, 느낌 등을 자연스럽게 이야기합니다. 그리고 각 내용에 따라 제시된 질문을 보고 진솔하게 나눔을 합니다.

1. 따뜻한 만남이 주는 축복

인간관계에서 따뜻한 만남이 얼마나 중요한지 카플란과 그린필드 박사의 실험을 소개하고자 합니다. 실험의 내용은 의사의 친절이 환자에게 어떤 영향을 주는지 알아보는 것이었습니다. 그래서 어떤 의사들에게는 환자들의 병에 대해 친절하게 물어보고 따뜻하게 답변해 주도록 하고, 또 다른 의사들에게는 그냥 평소의 습관대로 하도록 내버려 두었습니다. 따뜻하게 환자를 돌보는 의사들은 그렇지 않은 의사들보다 환자들과 평균 15~20분 정도 더 오래 이야기하고, 환자들이 병원에 출입하기에 어렵고 불편한 것, 이를테면 주차문제의 어려움까지 다 들어 주면서 환자들의 마음을 살펴주었습니다. 그런 다음, 치료 결과에 어떤 차이가 있는지 살펴보았습니다. 따뜻한 돌봄을 받은 환자들의 경우 혈압, 혈당, 합병증이 적었으며, 당뇨병 환자의 경우 혈당이 쉽게 치료되었고, 수술환자들은 수술 후 회복이 빨랐습니다. 그래서 밴슨은 "의사의 치료는 약과 주사만이 아니다. 의사가 환자를 만나는 태도, 그 관계가 병을 치료한다."는 유명한 결론을 내렸습니다.

이 실험 외에도 위스콘신 대학에서 실시한 '새끼 쥐의 면역 정도'에 관한 실험이 있습니다. 토끼나 쥐는 새끼를 낳으면 어미가 핥아 주는데, 어떤 새끼 쥐는 그 어미가 핥아주지 못하도록 통제하였습니다. 그 후 각각의 쥐에게 피검사를 통해 확인된 사실은 어미 쥐가 핥아준 쥐는 그렇지 않은 쥐보다 면역에 있어 열 배나 더 강한 저항력이 있다는 것입니다. 동물이든 사람이든 모든 생명체는 기본적으로 인격적인 대상과 따뜻한 사랑의 관계를 경험할 때 자신의 존재에 힘과 능력을 부여받게 됩니다. 결국 인격적인 사랑의 관계와 만남이 상처를 치료하는 것입니다.

① 위 사례를 보고 공감에 대해 이해한 것을 나누어 봅시다.

2. 사람의 마음을 만나주고 알아주는 '공감'

사람은 누구나 상황을 느끼는 정도가 다르고 소화해 낼 수 있는 심리적 능력이 다르며, 상처의 내용 또한 다릅니다. 게다가 현재의 고통은 지금 여기의 것으로만 느끼거나 지각되는 것이 아니라 과거의 상처와 연결되어 있습니다. 따라서 그 사람을 이해하고 알아주기 위해서는 그 사람의 마음과 심리 상태가 어떠한지 이해하면서 들어주는 것이 필요합니다. 이러한 마음으로 들어주는 것이 바로 공감의 자세입니다.

공감이란 '즐거워하는 자들로 함께 즐거워하고 우는 자들로 함께 우는 것(롬12:15)'으로 말하는 사람과 듣는 사람이 같은 수준에서 느끼는 것을 의미합니다. 즉 상대방의 눈으로 보고 그가 느끼는 대로 느끼며 그 사람 속으로 들어가 그의 생각이나 말하는 구조로 세계를 보는 것입니다. 뿐만 아니라 그가 깨달은 대로 이해할 수 있는 의사소통 방법이며 그의 감정과 행동을 알게 되는 능력입니다.

일반적 의미에서 공감이 감정을 정확하게 파악하거나 정서적 의도를 지각하는 수준이라면, 수준 높은 공감은 인간의 마음속에서 샛별처럼 빛나는 긍정적이고 가능성 있는 내면적 동기를 찾아내어 그 동기가 현실 세계에서 발휘될 수 있도록 그의 마음에 임재하여 격려, 자극하는 것입니다. 이러한 공감은 인간 생존을 위한 심리적 영양소이며 심리적 산소로서, 사람은 공감이 있는 곳에서 자유롭게 숨 쉴 수 있습니다. 성자는 공감해 주는 에너지가

100%에 이르는 사람이라고 합니다. 모든 사람이 성자가 될 수는 없습니다. 그럼에도 불구하고 상대방을 공감해 주는 능력이 많은 사람일수록 이 사회에 기여하는 사람이요, 모든 관계에서 생산적이고 창의적인 인간이라고 할 수 있습니다.

공감은 다음과 같은 유익이 있습니다.

첫째, 다른 사람을 마음 깊이 만나게 합니다. 공감은 더 깊은 수준으로 의사소통을 하게 하며 충분히 서로를 이해하도록 합니다. 누군가 나의 마음속으로 들어와 느껴주는 것을 경험할 때 우리는 삶의 만족감이 극치에 이르는 경험을 하게 됩니다.

둘째, 사랑의 확신을 갖게 합니다. 말한 내용만 이해하는 것이 아니라 메시지 뒤에 숨겨져 있는 그 사람을 알아차려 그와 내면적 교류가 이루어질 때 말한 사람은 이해받고 받아들여지고 있다고 느껴 만족감을 갖게 됩니다.

윌리암 크레인은 그의 책에서 다음과 같이 말했습니다.

"성령의 임재 안에서 사는 사람과 그의 독생자를 보여 주신 하나님의 사랑에 초점을 두고 하나님 사랑하기를 원하는 사람은 끊임없이 성숙하게 되며, 다른 사람의 필요를 볼 수 있는 능력을 갖게 됩니다."

이것이 공감의 능력입니다. 진정한 공감은 그 뿌리를 아가페 사랑에 두어야만 합니다. 그리고 그리스도의 마음으로 자신을 내어줄 때 내담자의 더 깊은 문제를 영적으로 만날 수 있습니다.

셋째, 자각과 통찰로 인해 새로운 행동이 일어납니다. 공감이란 나의 입장에서 상대방을 보는 것이 아니라 상대방의 느낌과 생각을 가지고 그를 볼 수 있는 능력을 말합니다. 자신이 인간적인 대우를 받고 있다고 깨닫게 되면 상담자를 더 신뢰하고 자기의 감정과 경험을 표현하는데 보다 자유로워지고 자신을 깊이 이해하게 됩니다. 특히 높은 수준으로 계속 공감해 주면 자신에 대해 스스로 긍정적으로 됩니다. 이때 자신의 부정적인 감정조차 수용하면서 자신을 받아들여 스스로의 행동을 변화시켜 나가게 되는 것입니다. 이때 더 개방적이 되면서 자신과 자신의 감정에 대해 더 많이 표현하여 의사소통이 보다 촉진됩니다.

> 이제까지 공감을 이해한 것과 앞으로 수준 높은 공감을 적용하기 위해 어떤 부분을 노력해야 할지 나누어 봅시다.

3. 공감전략 익히기

공감을 효과적으로 사용하기 위해서는 다음과 같은 공감 전략을 염두에 두고 있어야 합니다.

첫째, 상대방이 이야기하는 구체적인 내용은 물론 손짓, 몸짓, 신체적인 접촉, 시선의 접촉, 그리고 얼굴표정 등과 같은 비언어적 표현에도 최대한의 주의를 기울입니다. 비언어적 요소가 자신을 더 진실하게 나타내는 경우가 많기 때문입니다.

둘째, 상대방이 알아듣기 쉬운 말로 이야기합니다. 예를 들면 초등학교 1학년 어린이와 이야기를 할 때는 초등학교 1학년 어린이가 알아들을 수 있거나, 그들의 경험세계를 나타내는 쉬운 말로 이야기를 합니다.

셋째, 상대방이 말할 때의 목소리와 비슷한 목소리로 말합니다. 상대방이 작은 목소리로 부끄러운 사실을 이야기하고 있는데 너무 큰 소리로 이야기한다면 상대방은 불안하게 되어 더 이상 이야기하고 싶은 마음이 생기지 않을 수도 있습니다.

넷째, 상대방이 말할 때는 물론이고 그 외 어떤 행동의 변화가 있을 때마다 반응합니다. 상대방이 말을 하거나 비언어적 표현이 있는데도 즉각적으로 반응하지 않으면 자신이 무시당하거나 거부당하고 있다고 생각하여 더 이상 자신에 관한 이야기를 하지 않을 수 있습니다.

다섯째, 상대방이 표현하지 않은 내용, 즉 속마음을 알아내려고 주의를 기울입니다. 실제 말로 표현한 내용보다도 말로 표현하지 않은 내용이 더 중요할 수 있기 때문에 그 내용을 알려주면 상대방은 자신이 깊이 이해받고 있다고 생각하여 마음속 깊은 곳에 있는 내용까지도 이야기할 수 있습니다.

여섯째, 생각할 시간을 가져야 합니다. 지나치게 빨리 말한다는 것은 핵심 메시지를 찾기 위해 상대방이 한 말을 생각해 볼 시간을 가지지 않는다는 뜻입니다.

일곱째, 반응은 짧게 합니다. '이 사람이 내게 말하려고 하는 핵심이 무엇인가'를 생각하면 짧고 구체적이며 정확한 반응을 하는 데 도움이 될 것입니다.

여덟째, 상대방에 맞게 반응을 하되 자기 자신을 지켜야 합니다. 이것은 내담자가 자기 삶에서의 실패와 성공을 말할 때 내담자의 반응에 휘둘리지 않으면서 합리적인 방법으로 내담자와 정서적인 느낌을 나눈다는 뜻입니다.

⚠ 공감 전략을 한번 더 정리해 보고 공감의 자세를 갖도록 해 봅시다.

4. 공감의 핵심

공감이 이처럼 중요하고 유익하므로 그 기술을 익히는 것이 필요합니다. 공감의 마음을 가지고 있는 사람은 예수 그리스도께서 사람이 되셔서 사람의 마음을 이해하고 사람이 받아야 할 고통을 대신 담당해 주신 수고를 하는 것입니다. 그러므로 우리 그리스도인들은 우리를 위해 자기를 버리신 주님을 생각하면서 다른 사람을 향해 나아가야 하겠습니다. 그리고 공감을 할 때는 그 사람의 핵심을 찾아 만나주어야 하는데 다음의 세 가지 중 한 가지만 하셔도 공감이 됩니다.

첫째, 그 사람의 마음속에 숨어있는 내면적 동기(1퍼센트라도 긍정적인 동기)를 찾아냅니다.

둘째, 겉으로 드러난 행동만 가지고 판단을 내리는 것이 아니라 가슴 깊이 숨어 있는 선한 마음을 만나 그 마음을 일깨워 줍니다.

셋째, 상대방에게서 부정적인 동기가 보인다 할지라도 그의 고통을 알아주고 치유적인 어루만짐으로 돌보되, 긍정적인 동기에 초점을 두어 격려와 지지를 합니다.

이런 마음과 자세로 내면 깊은 곳에 있는 감정에 들어가서 그의 문제 상황에 주의를 집중하고, 그 상황과 관련된 경험, 감정, 행동을 구체적으로 이해해줄 때 진정한 공감이 일어납니다.

활동(30-40분)

1. 공감 수준에 따른 공감 연습

공감의 수준을 다섯 가지 수준으로 구분하기도 하지만 여기서는 네가지 수준으로 나누어 공감을 연습하고자 합니다. 네가지 수준의 내용은 다음과 같습니다.

① 수준 1
상대방의 느낌과는 전혀 무관하거나 상반되어서 상대방의 느낌을 전혀 이해하지 못하거나 이해하지 않으려고 하는 행동 또는 반응입니다.

② 수준 2
상대방이 표현된 느낌에 대해 반응할 때 말한 사람이 의사소통한 내용 중 주목해야 할 정서를 빠뜨렸을 경우입니다.

③ 수준 3
말한 사람의 표현과 반응이 본질적으로 일치하며 양자가 기본적으로 동일한 정서와 의미를 주고받는 경우입니다.

④ 수준 4
말한 사람이 표현한 느낌과 의미에 대해 중요한 내용을 보태는 반응을 함으로써 자신이 표현할 수 있었던 수준보다 더 깊은 수준의 느낌을 정확하게 표현해 줍니다. 그리고 대화가 진행 중인 상황에서 그에게 가장 깊은 정서에 온전히 함께 함으로써 내담자의 자기 탐색이 심도 깊게 이루어지도록 하는 경우입니다.

예 (방에 혼자 있는 아들이)
"엄마, 나가요. 남의 방에 노크도 없이 막 들어오면 어떡해요. 여긴 내 방이란 말이에요."
수준 1 : 부모한테 소리지르는 못된 녀석 같으니라구.
수준 2 : 왜 화를 내고 그러니? 집안에서 꼭 노크를 해야 하니?
수준 3 : 네 방에 노크도 없이 불쑥 들어와서 화가 났구나.
수준 4 : 너도 이제 컸으니 너만의 세계를 가지고 싶은데, 엄마가 방해를 해서 화가 났구나.

아래에 나와 있는 예문을 보고 알맞은 공감이 어떤 것일지 먼저 적어보도록 합니다. 그리고 나서 조원들이 작성한 것과 비교해봅니다. 각자가 적은 공감 내용이 어느 수준에 해당하는지 맞춰보고 수준 4의 공감 반응이 나오도록 연습을 합니다.

예문1 (기숙사에서 살고 있는 한 남학생이)
"내 방 친구는 정말 이기적인 사람이에요. 그 친구는 자기의 생활에서 그 어느 누구도 고려하지 않는 것 같아요. 우리 방의 모든 일을 그 애는 모두 자기 방식대로 처리해 버려요."

나의 공감 내용:

수준 1: 그럴 수도 있지 뭘 그런 것 같고 기분 나빠하고 그러는지 모르겠네요.
수준 2: 같은 방 친구하고 같이 사는 문제를 이야기하고 계시는데 인간은 혼자 살 수 없는 존재이지요.
수준 3: 같은 방 친구가 자신만 생각하고 옆의 사람은 생각하지 않으니 화도 나고 불편한 마음이 많으시군요.
수준 4: 한 방을 쓰는 룸메이트가 옆 사람을 고려하지 않고 자기 방식대로 일 처리를 하니 얼마나 힘들고 괴로우시겠어요? 이렇게 괴로워하시는 것을 보니 **님은 자신 뿐 아니라 다른 사람을 있는 그대로 존중하고 싶은 마음이 있으신데 그렇게 되어지지 않으니 힘드신 마음이 느껴집니다.

예문2 (한 내담자가)

"선생님의 충고는 정말 엉터리예요. 전 저의 과장님에게 가서 생산성을 더 높일 수 있는 방법에 대해 제 생각을 얘기했어요. 그런데 그는 저에게 "당신은 자기 일이나 충실히 해. 건방떨지 마."라고 말했단 말이에요."

나의 공감 내용:

___

___

___

수준 1 : 싸웠다고요?
수준 2 : 사람이 살다보면 싸울 수도 있는 것이지요. 너무 과민한거 아닌가요?
수준 3 : 과장님과 잘 해보고 싶었는데 오히려 "건방떨지마"라고 책망을 받아 무척 마음이 상하셨군요.
수준 4 : 저의 충고를 깊이 생각하시고는 과장님께 가서 생산성을 높일 수 있는 방법에 대하여 말씀드렸더니 과장님께서 건방지다고 책망을 하셔서 정말로 무안하시고 어찌할 바를 모르셨겠어요. 그래서 저한테 이렇게 화를 내시지만 진심은 그분하고 잘되었으면 하는 마음이 있었고 저에게도 좋은 결과를 알려주고 싶으셨을 텐데 예상과 다른 반응을 겪고 나니 얼마나 상심이 크셨겠어요.

예문3 (문병을 하고 돌아온 한 부인이)

"나는 어제 병원에 입원해 계신 어떤 연세 많으신 분을 문병하러 갔었어. 우린 정말 서로 반가와 했었지. 헤어질 때 우리는 서로 손을 잡았고 그분은 눈물까지 흘렸었어. 나는 내가 그분에게 필요한 일을 했다고 생각해. 우리의 만남은 그분에게 평소와는 다른 그 어떤 것이었다는 것이 내 생각이야."

나의 공감 내용:

___

___

___

수준 1 : 그래서 어제 전화할 때 안 받으셨군요.
수준 2 : 병원에 문병하러 가셨다구요. 수고 많으셨습니다.
수준 3 : ○○님은 어제 병원에 문병을 가셨다 오셨는데 이 일을 통해 그분께 필요한 도움을 드렸고 두 분의 만남이 평소와는 다른 어떤 것이었다고 기뻐하시는 것 같습니다.
수준 4 : 어제 문병을 가셔서 그분과 깊은 만남을 가지시고 헤어질 때 눈물까지 흘리시는 그 분을 보니 그분께 필요한 일을 하셨고 소중한 만남을 했다는 생각에 기쁨과 함께 자부심이 드셨군요. ○○님이 그분께 도움을 드리고 싶은 마음이 만남을 통해 확인되니 더 기쁘고 뿌듯하셨겠네요.

예문 4 (한 청년이)

"직업의 가치를 결정하는 것은 정말 어렵습니다. 전 자부심을 느낄 수 있고 다른 사람들에게도 기여할 수 있는 일을 하면서 잘 살고 싶어요. 그러나 가르치는 일이나 사회사업 같은 일은 저에게는 너무 많은 희생을 요구하는 것 같군요."

나의 공감 내용:

___

___

___

> 수준 1 : 그래서 직업은 결정하셨나요?
> 수준 2 : 직업의 가치를 결정하는데 있어서 많은 고민이 있으시군요.
> 수준 3 : 자부심을 느끼면서도 다른 사람들에게 기여할 수 있는 일을 하면서 살고 싶어하지만, 너무 많은 희생이 요구되는 일은 부담스러우신가 보네요.
> 수준 4 : ○○님께서는 자부심과 기여할 수 있는 일을 하면서 살고 싶어 하시지만 가르치는 일이나 사회사업 같은 일은 너무 큰 희생이 요구된다고 생각하시니 직업을 결정하는데 어려움을 느끼시는군요. 희생이 따르는 직업이 부담스럽기도 하지만 다른 사람을 돕고싶은 마음이 가득하심이 전해집니다.

예문 5 (중년의 여성이)

"남편과 저는 이혼하기로 합의했어요. (목소리는 아주 가냘프고 어두우며 더듬거린다.) 나는 정말 법적인 절차에 맡기고 싶지 않아요…(사이를 두고). 정말 그 어느 것도, 무엇을 기대할 수 있는지 모르겠어요. (깊은 한숨을 내쉬며) 중년까지는 잘 지내왔어요. 이제 재혼은 가능하다고 생각하지도 않구요. 무얼 어찌해야 좋을지 알 수가 없어요."

나의 공감 내용:

___

___

___

수준 1 : 이혼이라니요? 그걸 함부로 생각하면 안되지요.
수준 2 : 이혼까지 가고 싶지는 않으셨나보군요. 얼마나 상심이 되실까요.
수준 3 : ○○님께서는 지금 남편과 이혼하기로 합의하셨군요. 지금에 와서 무엇을 기대할 수 있는지, 재혼을 생각해 보지도 않으셨고, 정말 당황스럽고 혼란스러우시겠어요.
수준 4 : 남편과 이혼을 합의하셨다니 얼마나 마음이 힘들고 괴로우신지요. 이제 와서 내가 무엇을 할 수 있을지, 어찌해야 좋을지 알 수 없다는 말 속에 ○○님의 절망과 혼란스러움이 깊이 전해집니다.

2. 실제 공감 연습

이제 공감 수준에 따라 공감을 연습했으면 실제로 멤버들의 이야기를 공감해보도록 하겠습니다. 연습은 세 명이 한 조가 되어 실시합니다. 세 명 중 한 사람은 현재의 심정 중 제일 큰 감정을 진솔하게 이야기합니다. 다른 한 사람(공감자)은 이야기를 듣고 앞에서 배운 공감수준을 기억하면서 공감의 말로 만나줍니다. 나머지 한 사람은 공감수준에 따라 공감점수를 평가하는 사람(관찰자)의 역할을 하도록 합니다. 그리고 더 높은 수준의 공감을 위하여 아쉬운 것이나 고치고 싶은 내용이 있으면 고쳐서 표현해봅니다. 한 번의 역할이 끝나면 시계방향으로 역할을 차례로 바꾸어 실시합니다.

각자가 말하는 사람, 공감자, 관찰자의 역할을 골고루 다 한 다음에 느낀 점과 배운 점을 이야기함으로 마칩니다.

마무리(10분)

5강에서는 수준 높은 공감을 몸에 익히기 위해 따뜻한 만남이 주는 축복과 마음과 마음이 만나는 공감이 어떤 치료효과가 있는지 살펴보고 실제적인 사례를 통해서 공감의 전략을 세우고 공감 연습을 하도록 하였습니다.

5강 전체를 공부하고 나누면서 가장 크게 마음에 와 닿은 것이나 깨달은 것이 있다면 무엇인지 나누어 봅시다.

기도(5분)

이 강을 통해 좋은 배움과 훈련을 갖게 해 주신 하나님께 감사하고 동료들에게 격려와 축복의 말을 전합니다.

마치는 글

사랑의 관계 회복을 위한 프로그램을 가지고 연습하고 훈련한 후에 나이가 50세가 훨씬 넘은 한 분이 다음과 같은 고백을 하셨던 것이 기억납니다.

"저는 20년 동안 목회를 해온 목사입니다. 저는 그동안 참으로 목회를 잘 해왔다고 생각하며 자부심을 가지고 살아왔습니다. 그런데 이번에 훈련을 하면서 나는 사랑을 한번도 제대로 표현해 본 적이 없는 사람임을 알게 되었습니다. 아내나 자식에게도 한번도 사랑의 느낌을 표현한 적이 없었고 성도들에게도 열심히 성경공부만을 전했지 사랑으로 그들에게 다가 간 적이 없었음을 알게 되었습니다. 이런 사실을 고백한다는 것이 너무 부끄럽지만 사실임을 부인할 수가 없습니다. 이제라도 이런 훈련을 하게 된 것이 얼마나 기쁜지요? 이 모임을 적극 권해 준 우리 아내에게 너무 고마운 마음 가득합니다. 그리고 이제는 사랑이 무엇인지, 사랑을 어떻게 표현할 지 알게 되어 너무 기쁘고 고마울 따름입니다. 여러분, 사랑합니다. 그리스도의 사랑으로 여러분을 알고 만나게 되어 감사합니다."

우리 그리스도인들은 하나님의 사랑을 입은 사람으로서 그 사랑을 나타내며 전파하는 소명을 받은 자라고 생각합니다. 그래서 우리들은 사랑을 나누는 삶을 살아야 합니다. 하나님의 형상으로 지음받은 영혼이라면 그가 누구이든, 어떤 상태이든, 그는 하나님의 영원한 사랑을 받은 사람입니다. 그러나 사랑의 기술을 훈련하지 못하여 자기 만의 성에 갇혀 살아가곤 합니다. 물이 가득한 데도 물이 없어 목말라 죽는 기이한 모습으로 살아가는 것이 우리들의 모습이 아닌가 생각됩니다. 사랑의 하나님, 사랑의 모든 것 되시는 하나님이 항상 우리와 함께 하시므로 마음만 먹으면 언제든 사랑이 흘러넘칠 수 있는 데도 사랑이 없어 외로워하고, 사랑이 없는 관계로 인해 고통받고 있으니 말입니다.

    이제는 우리를 통해 주님의 사랑이 흐르도록 사랑을 누려가십시다. 그러기 위해서는 사랑을 배우고 연습하여 사랑이 흐르는 관계를 실천할 수 있는 기술을 익혀야 합니다. 이 교재는 바로 이런 목적을 이루기 위한 훈련 교재입니다. 훈련을 통하여 이런 기술을 가지게 되면 성도들의 삶의 문제들, 내적인 갈등, 또 불안정한 정서 등을 보다 효과적으로 처리할 수 있도록 도움을 줄 수 있습니다. 또한 크나 큰 상실이나 실망에 직면하고 있는 사람들을 격려하고 이끌어 줄 수 있습니다. 또한 삶의 형태가 자멸적이어서 불행하다고 느끼는 사람들에게 도움을 줄 수 있게 됩니다. 이런 점에서 우리 그리스도인들은 사랑의 관계 기술을 배우고 몸에 익혀야 합니다. 사랑의 기술을 가지고 다른 사람에게 나아가 그를 만나 위로하고 격려하며 소망을 주는 자는 삶 속에서 예수 그리스도의 사랑을 드러내는 사람입니다.

    분명히 예수 그리스도는 효과적이고 훌륭한 상담자로서 자신의 인격, 성품, 기술들을 가지고 도움을 요구하는 자들을 효과적으로 도우셨습니다. 예수님은 때로는 주의 깊게 경청하시고, 속 깊은 감정을 표현하기도 하시고 사람들의 감정을 만나주기도 하셨습니다. 그리고 공감으로 사람들을 만나주셨고 이로 인해 하나님께로 더 가까이 가도록 우리를 이끌어 주셨습니다.

    경청하고 공감하며 감정을 만나 위로할 수 있는 사랑의 능력을 가진 성도들이 많아지게 되면 교회 공동체는 사랑이 넘치는 곳이 될 것입니다. 그런 공동체야 말로 우리 주님이 기뻐하시는 공동체일 것입니다. 이때 교회는 하나님께 영광을 돌릴 것이며 사람들을 그리스도에게로 이끄는 세상의 등불 역할을 감당할 것입니다.

| 저자소개 |

심 수 명 (Ph.D., D.Min.)

한밀교회를 개척하여 상담목회를 적용하고 있는 저자는 상담 전문가이며 신학과 심리학, 상담과 목회현장을 아우르는 학자이며 목회자입니다. 저자는 치유와 훈련, 목회를 마음에 품고 한 영혼의 전인적인 돌봄, 부부관계 회복, 비전있는 자녀교육, 건강한 교회 세움, 상담전문가 양성 등에 헌신해 왔습니다. 그 노력의 일환으로 제자훈련 시리즈, 목회를 위한 교재, 상담 훈련용 교재들을 출판해 왔습니다.

"기독교상담적 관점에서 본 정신역동상담"이 문화체육관광부 우수학술도서로 선정되고, [목회와 신학]에서 한국교회 명강사(상담분야)로 선정되는 등 한국교회와 사회에 영향력을 끼쳐왔습니다.

안양대와 총신대(신학), 고려대(석사, 상담심리)와 미국 풀러신대에서 목회상담학 박사와 국제신대에서 상담학 철학박사 학위를 취득하였습니다.

상담자격은 한국 목회상담협회 감독, 한국 복음주의 기독교상담학회 감독상담사, 한국 기독교상담 및 심리치료학회 수련감독, 한국인격심리치료협회 수련감독, 한국 가족상담협회 수련감독으로 활동중입니다.

여성부 정책자문위원으로 활동했으며, 오랫동안 국제신대 상담학 교수로 사역했습니다. 현재 칼빈대 상담학 교수, 다세움상담대학원 이사장, (사)한국인격심리치료협회 이사장으로 일하고 있습니다.

대표저서
상담목회(도서출판 다세움), 인격치료(학지사), 한국적 이마고 부부치료(도서출판 다세움), 그래도 삶은 소중합니다(도서출판 다세움), 정신역동상담(도서출판 다세움)외 다수.

이메일
soomyung2@naver.com
soomyung3@daum.net

연락처
한밀교회 (02)2605-7588, www.hanmil.or.kr
(사)한국인격심리치료협회 (02)2601-7422~4

| 도서출판 다세움의 도서 |

교육 · 상담훈련
- 인생을 축제처럼(도서출판 다세움)
- 인격치료(학지사)
- 그래도 삶은 소중합니다(도서출판 다세움)
- 상담의 과정과 기술(도서출판 다세움)
- 정신역동상담(도서출판 다세움)
- 감수성 훈련 워크북(도서출판 다세움)

목회
- 인격목회(도서출판 다세움)
- 상담목회(도서출판 다세움)
- 비전과 리더십(도서출판 다세움)
- 상담적 설교의 이론과 실제(도서출판 다세움)

소그룹 훈련 시리즈(상담목회를 적용한 소그룹 훈련시리즈)
- 의사소통 훈련(도서출판 다세움)
- 인간관계 훈련(도서출판 다세움)
- 거절감치료(도서출판 다세움)
- 분노치료(도서출판 다세움)
- 비전의 사람들(도서출판 다세움)
- 행복 바이러스(도서출판 다세움)
- 성령의 능력으로 사는 그리스도인(도서출판 다세움)
- 감수성 훈련 워크북(도서출판 다세움)
- 리더십과 팔로워십(도서출판 다세움)

결혼·가정 사역
- 한국적 이마고 부부치료(도서출판 다세움)
- 부부심리 이해(도서출판 다세움)
- 행복결혼학교(도서출판 다세움)
- 아버지 학교(도서출판 다세움)
- 어머니 학교(도서출판 다세움)
- 위대한 부모 위대한 자녀(도서출판 다세움)

제자훈련 시리즈 전 4권(상담목회를 적용한 제자훈련시리즈)
- 1권. 제자로의 발돋움(도서출판 다세움)
- 2권. 믿음의 기초(도서출판 다세움)
- 3권. 그리스도와의 동행(도서출판 다세움)
- 4권. 인격적인 제자로의 성장(도서출판 다세움)
- 전인성숙을 위한 제자훈련 시리즈 인도자지침서(도서출판 다세움)

새신자용 교재
- 새로운 시작(도서출판 다세움)

사랑이 흐르는 공동체 만들기 1
의사소통 훈련

2007년 6월 18일 초판 발행
2009년 4월 2일 개정판 발행
2014년 3월 17일 개정3판 발행
2015년 8월 25일 개정4판 발행
2018년 5월 14일 개정4판 2쇄
지은이 · 심수명
등록 · 제12-177호
등록된 곳 · 서울시 강서구 수명로2길 88
발행처 · 도서출판 다세움
TEL · 02-2601-7422~4
FAX · 02-2601-7419
HOME · www.daseum.org

총판 · 비전북
주소 · 경기도 고양시 일산구 장항동 568-17
TEL · 031-907-3927
FAX · 031-905-3927

정가 6,000원
ISBN 978-89-92750-32-5   04230